生活技能 301

開始在西班牙
自助旅行

作者◎區國銓、李容萩

U0005150

「遊西班牙鐵則」

☑ **看佛朗明哥越吵越好？**
理由：興奮時大喊¡Olé！（歐累），舞者會跳得更賣力喔！

☑ **有好康？免費參觀博物館**
理由：週日有不少美術館和博物館提供免費參觀服務，想省錢先探聽好就對了！

☑ **包包一定要背前面！**
理由：西班牙的扒手多得很出名，避免自己成為小偷眼中待宰的肥羊！

☑ **自來水可生飲？**
理由：各地水質不同，喝不習慣的地區建議買礦泉水。（詳見P.188）

☑ **擠～擠～擠進小酒館～**
理由：晚上的小酒館總是擠滿了人，想體驗道地西班牙生活，找一家塞滿人的小酒館擠進去就對了！

☑ **早鳥優惠超划算！**
理由：提早上網買火車票或廉價航空，超低折扣票等你來搶！

☑ **先上廁所再搭長途巴士！**
理由：長途巴士不像台灣的客運那麼豪華，車上可是沒有附洗手間的喔！

☑ **最愛血拼單字「Rebaja」！**
理由：每年1、2月和7、8月為大減價時期，看到「Rebaja」表示有折扣!（詳見P.114）

☑ **直接入出境西班牙最輕鬆**
理由：西班牙人較隨和，退稅也較乾脆，比起歐洲其他國家入出境歐盟方便不少。

☑ **夏天下午別亂跑！**
理由：西班牙的夏天非常熱，下午約2～5點盡量不要待在室外，店家也大多關門休息喔！

「遊西班牙必知單字」

Restaurante
餐廳

Salida / Entrada
出口 / 入口

Cerveza
啤酒

Información
旅遊諮詢處

Lavabos / Servicios / Aseos
廁所、洗手間

Cambio
兌換貨幣

Menú del día
本日套餐

Rebaja
折扣季

遊西班牙行前 Q&A

Q1 一個人去西班牙旅行安不安全？

西班牙的治安並沒有想像中的可怕，基本上很安全，西班牙人也很好客，網路上的消息都是舊的喔！但不代表不用注意自身財物和手機相機，在觀光熱門的城市、地鐵火車上還是要隨時提高警覺，不要讓扒手有下手的機會！可參考P.186，教你如何辨別扒手，全身而退。

Q2 去西班牙旅行，說英文能通嗎？

因為西班牙觀光越來越發達，所以主要的觀光城市如馬德里、巴塞隆納及瓦倫西亞，簡單的英文是能溝通的，尤其在年輕人之間，是沒什麼問題的，小鎮上英文比較不通。因為西班牙人說英文有獨特的口音，如果不懂可以加上比手畫腳，這樣就沒問題啦！

Q3 水龍頭的水能喝嗎？

馬德里水龍頭的水是能喝的，但是巴塞隆納和瓦倫西亞水龍頭的水水質比較不好，會有一些味道，盡量還是買礦泉水比較好。

Q4 衣服要怎麼穿？

7、8月的時候太陽很大，除了穿著排汗良好的衣服外，也不要忘記防曬，並記得多補充水分；冬天時會很冷，建議洋蔥式穿衣法。

Q5 要帶什麼樣的背包？

什麼樣的包包都可以，但是要注意拉鍊隨時保持拉好的狀態，也不要將背包隨地亂放，保護好它！

¡Hola! 這就是西班牙

來到西班牙,最好的旅行方式就是步行,漫步在各城市的市區街道上,處處都能發現趣味,不但熱情幽默,且充滿藝術氛圍,讓你深深體會到所謂的西班牙風情!

有市徽圖案的路樁

▲西班牙幾乎每個城市的路樁都是經過精心設計的哦!可以在上面看到各城市的代表性圖騰,例如熊和梅子樹就是馬德里的代表,相當可愛。

路樁也會怕冷

▲西班牙的冬天非常地冷,所以當地的編織藝術家每年都會在以不同的概念,編織出色彩繽紛的毛衣幫路樁穿上,為寒冷的街道增添了許多溫暖的色彩!

馬德里的當代街頭藝術

▲馬德里市區很多地方都有當代街頭藝術家的作品,例如在Lavapiés區,就有法國公共空間藝術家Eltono居住在馬德里時(1999~2010)的作品。

巴塞隆納的街頭趣味

▲在舊城區能看到許多不同的街頭藝術,有塗鴉也有裝置藝術作品,個個充滿巧思,不僅讓你會心一笑,也感受到這個城市的創意與活力。

馬德里電影星光大道

▲馬德里市區有一條著名的電影街,鑲有各個西班牙電影明星的名字,宛如一條星光大道,快找找有沒有你認識的西班牙電影明星在其中,合照一張留念吧!

馬德里聖誕節的鮮豔假髮

▲聖誕節期間,馬德里市區的市集和商店,都會販賣各色各樣新奇怪異的假髮,這是因為參加聖誕Party時,馬德里人很喜歡變裝,於是戴假髮就漸漸變成一項聖誕舞會的傳統裝扮啦!

台灣之光─珍珠奶茶

▲巴塞隆納的拉蘭布拉大道(La Rambla)上,有一間正港台灣製造的珍珠奶茶店喔!喝起來真的跟在台灣喝的味道一模一樣,保證讓你感受濃烈的家鄉味!

跨年狂歡人潮擠爆地鐵

▲跨年當天是西班牙人大肆狂歡的好日子,只是回家時,光等地鐵就會等到抓狂,因為人實在太多了!深夜列車也因此拉長每班的間隔時間,很可能15分鐘以上才來一班車!

關於作者

李容菉

　　東吳大學德文系畢，前賽米亞佛拉明哥舞團團長。在德國遇見佛朗明哥，在西班牙找到自己。編創過不少佛朗明哥作品，也曾受邀替國家戲劇院、台中國家歌劇院演出節目導聆。現為自由佛朗明哥舞者，林口社大講師。

作者序

塞維亞，旅程開始！

　　一晃眼10年的光陰，這本書已經10歲了，10年，對塞哥維亞兩千年的羅馬水道橋來說，只是輕如鴻毛的一小段時光，卻又同步見證了聖家堂一點一滴、一磚一瓦的成長茁壯，歷史隨著時間分分秒秒累積，而我們正參與其中。

　　身為一個佛朗明哥舞者，與西班牙的連結密不可分，喜愛安達魯西亞的婉約風情，被多種民族統治過的安達魯西亞，造就了佛朗明哥的土壤，衍生出現今讓全球不少人趨之若鶩，瘋狂投入的佛朗明哥文化。馬德里的美術館可以讓人靜靜坐在裡面一整天，只為了欣賞一幅畫；巴塞隆納繽紛華麗，每個街口都讓人驚喜；北方的朝聖之路更讓人心生嚮往，一定要獨自走過一遭，才能真正昇華內心。

　　這是一個會不斷呼喚你回去的國家，每個城市風情迥異，語言腔調、人民個性大不同，每走過一個地方，會讓人更好奇下一個城鎮的風景，西班牙說大不大，卻非一、兩趟旅程可將之概括的國度，這本書將帶領你，快速地開啟西班牙初步印象、方便地解決交通、旅館等等大大小小的疑惑，然而旅程中的每一個驚喜，需靠自己去細細品味，細細地啜飲每一杯café con leche……。

　　最後非常感謝Benito接下了這本書第十年再版的重大工程，這是一份吃力的差事，但我相信在他的專業和細心筆下，能賦予此書新的生命，帶給讀者更完善的資訊，期許每位讀者都能有趟愉悅、獨特和難忘的西班牙旅程！旅程永不結束！

李容菉

作者序

西班牙是我第二個家

西班牙的每一個城市、城鎮都有著獨特的魅力，來過一次絕對還會想再回來，其中有著眾多壯觀的世界人文遺產和古蹟，西班牙經各文化融合衝撞出的文化深度，絕對讓你流連忘返。

此外西班牙雖然是天主教國家，但對LGBT族群的接受度很高，不論是馬德里、巴塞隆納，或是一些小鎮，都能看到男男、女女自在地在大街上擁吻，這絕對是西班牙最美的風景。

2019年修訂版新增更多特別的西班牙城市、小鎮、節慶和聖地牙哥之路介紹，每個地點都是我曾停留且留下美好回憶的地方。希望能夠提供給讀者們不同的旅遊資訊，更深入西班牙每個角落。最後，這本書的完成要謝謝我在西班牙的友人Brais Villar Carreira、David Carrera Navarrete、Domingo Ferrandis、Fran de Benito、Inés Gutiérrez Arciniega、Micah Orton、Santiago Pérez Díaz、Roberto Dávila Ruiz、Xavi Ara Mancebo，謝謝你們帶我再次深入認識西班牙文化，也要謝謝林家竹、陳吟佳的幫忙，我愛你們。

謝謝容菜讓我成為這本書的一分子，讓我有機會能夠不斷地重返西班牙，我的第二個家，繼續挖掘這歷史悠久的國度好玩的地方。

在西班牙的時光就像談戀愛，有時風和日麗，有時歇斯底里，當然也少不了激情(笑)。嗯，我想我還持續和西班牙戀愛中。

區國銓

關於作者

區國銓 (Benito Ou)

西班牙胡安卡洛斯大學表演藝術碩士畢業、淡江大學西班牙語文學系碩士畢業、靜宜大學西班牙語文學系學士，曾擔任台北藝術節、台北兒童藝術節、台灣國際藝術節西班牙文翻譯、台北藝穗節演出。西班牙和即興劇是他最愛的兩件事情，目前為微笑角即興劇團演員、高中第二外語及內湖社大西班牙文講師。

Facebook粉絲專頁：《男孩與手提箱》

編輯室提醒

出發前，請記得利用書上提供的Data再一次確認

每一個城市都是有生命的，會隨著時間不斷成長，「改變」於是成為不可避免的常態，雖然本書的作者與編輯已經盡力，讓書中呈現最新最完整的資訊，但是，我們仍要提醒本書的讀者，必要的時候，請多利用書中的電話，再次確認相關訊息。

資訊不代表對服務品質的背書

本書作者所提供的飯店、餐廳、商店等等資訊，是作者個人經歷或採訪獲得的資訊，本書作者盡力介紹有特色與價值的旅遊資訊，但是過去有讀者因為店家或機構服務態度不佳，而產生對作者的誤解。敝社申明，「服務」是一種「人為」，作者無法為所有服務生或任何機構的職員背書他們的品行，甚或是費用與服務內容也會隨時間調動，所以，因時因地因人，可能會與作者的體會不同，這也是旅行的特質。

新版與舊版

太雅旅遊書中銷售穩定的書籍，會不斷再版，並利用再版時做修訂工作。通常修訂時，還會新增餐廳、店家，重新製作專題，所以舊版的經典之作，可能會縮小版面，或是僅以情報簡短附錄。不論我們作何改變，一定考量讀者的利益。

票價震盪現象

越受歡迎的觀光城市，參觀門票和交通票券的價格，越容易調漲，但是調幅不大(例如倫敦)，若出現跟書中的價格有微小差距，請以平常心接受。

謝謝眾多讀者的來信

過去太雅旅遊書，透過非常多讀者的來信，得知更多的資訊，甚至幫忙修訂，非常感謝你們幫忙的熱心與愛好旅遊的熱情。歡迎讀者將你所知道的變動後訊息，善用我們提供的「線上回函」或是直接寫信來taiya@morningstar.com.tw，讓華文旅遊者在世界各地成為彼此的幫助。

太雅旅行作家俱樂部

目 錄

12

認識西班牙

54

交通篇

92

住宿篇

26

行前準備

72

主要城市
交通篇

102

飲食篇

42

機場篇

如何使用本書

　　專治旅行疑難雜症：根除旅行小毛病，如：辦護照、簽證、購買票券、安排行程、機場入出境手續、行李打包、如何搭乘各種大眾交通工具、打國際電話等疑難雜症，本書全都錄。

　　省錢、省時祕技大公開：商家不會告訴你，只有當地人才知道的購物、住宿、搭車等，省錢、省時的祕技大公開，本書不藏私。

　　實用資訊表格：證件哪裡辦、店家景點怎麼去，相關連絡資料與查詢管道，條例整理，重要時刻不再眼花撩亂。

Step by Step圖文解說
入出境、交通搭乘、機器操作、機器購票，全程Step by Step圖解化，清楚說明流程。

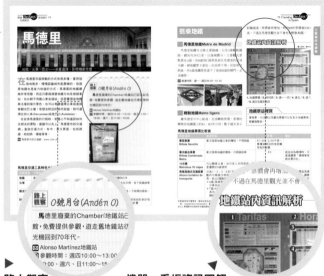

路上觀察
當地的街頭趣味、城市觀察、特有文化專欄解說。

機器、看板資訊圖解
購票機、交通站內看板資訊，以圖文詳加說明，使用介面一目了然。

行家祕技
內行人才知道的各種撇步、玩樂攻略。

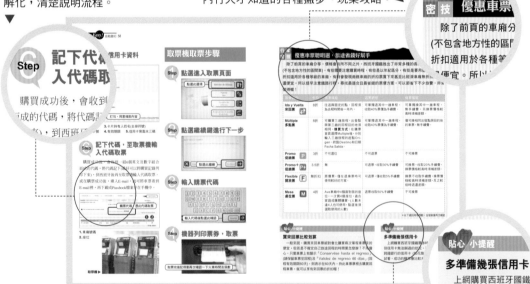

旅遊小提醒
作者的玩樂提示、行程叮嚀，宛如貼身導遊。

加泰隆尼亞音樂廳
(Palau de la Música Catala...)

加泰隆尼亞音樂廳已超過百
是國內及國際上重要的文化性
骨結構所打造，覆蓋著透明
"線變化的效果，此外也
術應用，如曄

▲
西班牙景點
分量加倍
介紹西班牙，網
羅各區精采景
點，並外加著名
的聖地雅哥朝聖
之旅。

▲
Data資訊
提供詳盡
的網址及
交通方式
等資訊。

◀
豆知識
延伸閱讀、旅行中必知的小常識

▲
西班牙道地美食
介紹買便宜食物的超市與店
家、到餐廳必點的道地菜色
及特色料理。

◀
西班牙必敗的購物戰區
名牌街、百貨公司、跳
蚤市場、紀念品和伴手
禮，一次滿足你。

旅行實用會話 ▶
模擬各種場合與情境
的單字與對話，即使
西文、英文不通，用
手指指點點也能輕鬆
暢遊西班牙。

資訊符號解說

http	官方網站
✉	地址
☎	電話
⏰	開放、營業時間
休	休息
$	費用
➡	交通方式
ℹ	重要資訊
MAP	地圖位置
APP	APP軟體

認識西班牙
About Spain

西班牙，是個什麼樣的國家？

出發前，透過地理、氣候、航程、時差等基本概念，與西班牙進行第一次接觸，

能大大提升旅遊規畫的效率，並使行程更為順暢。

西班牙速覽

初步認識西班牙，安排旅程才更上手

聽到西班牙，一般人第一個印象就是鬥牛及甩著蓬蓬裙的佛朗明哥舞，直覺它是個熱情如火的國度，再來就是想到巴塞隆納(Barcelona)那建了將近一百年仍未完成的聖家堂，老饕們或許先想到瓦倫西亞(Valencia)的海鮮飯和里歐哈(La Rioja)的紅酒，事實上，還有更多人物及西班牙的文化是大家所熟知的，現在，就讓我們一起來認識西班牙吧！

西班牙小檔案 01

地理 | 來認識西班牙依山傍海的地形吧！

西班牙位於歐洲西南部的伊比利半島，國土面積為505,955平方公里，是歐洲第三大國。北以庇里牛斯山與法國和安道爾相接，西部就是葡萄牙囉！南端隔海與北非相望。另外，伊比利半島東部的巴雷亞利(Baleares)群島、半島西南端大西洋中的加納利(Canarias)群島，還有與摩洛哥北部海岸接壤的Ceuta及Melilla兩個自治城市，也包含在西班牙的國土範圍中。

西班牙西北部

西北部與大西洋相接，多為海灣的景象。

西班牙中部

西班牙的地勢以山地和高原為主，首都馬德里即位在西班牙中部的高原上，為歐洲地勢最高的首都。

▲ 高第建築傑作之一「聖家堂」

西班牙南部

西班牙南部與非洲大陸僅隔14公里，又為地中海連接大西洋的出入口，地理位置甚為重要，所以腓尼基人、古羅馬人、西哥特人和阿拉伯人都曾統治過這塊土地，各種文化的影響使得西班牙成為一個多元文化的融合之地。

西班牙東部沿海

由於西班牙東部沿海與地中海相接，且地中海上群島的沙灘眾多，而且氣候宜人，所以一到夏天，會吸引許多各國的觀光客來西班牙旅遊，而當地人也會利用休假到海邊度假小屋盡情享受陽光和海水的洗禮。

西班牙基本情報

首　都：馬德里
面　積：505,955平方公里(含小島)
人　口：約4,650萬人
行政區：17個自治區，50個省分
宗　教：96%居民信奉天主教
貨　幣：歐元 €
國　慶：10月12日
時　差：差6或7小時

法國
安道爾
西北部
巴塞隆納
Barcelona
葡萄牙
馬德里
Madrid
東部沿岸
塞維亞
Sevilla
東南部
地中海
南部
大西洋
摩洛哥
阿爾吉利亞

🇪🇸 西班牙小檔案 02

氣候 | 3～5月是最宜人的季節

　　西班牙的氣候因為地理環境而分歧，影響各省分、各地區的居民，人文特性也都不太一樣。西班牙的西北部臨大西洋，夏季溫暖不炎熱；而冬季涼快卻不寒冷，氣候宜人，但雨量也很充沛，會比較潮濕。中部為大陸型氣候，主要是高原組成，夏熱多冷，日夜溫差大，且氣候乾燥。地中海沿岸和南部的安達魯西亞，是典型的地中海型氣候，比起其他地方溫暖許多，夏季炎熱乾燥，整年的降雨量都很少，尤其安達魯西亞夏季時的陽光和炙熱是非常著名的。另外，還有海拔1,200公尺以上的高山氣候，以及加納利群島的亞熱帶氣候。

西班牙4大城市氣溫表 (單位：℃ / 攝氏)

月分	馬德里			巴塞隆納			塞維亞			瓦倫西亞		
	均溫	高溫	低溫	均溫	高溫	低溫	均溫	高溫	低溫	均溫	高溫	低溫
1月	6	12	2	12	16	10	11	17	6	12	18	6
2月	5	11	0	9	12	5	11	17	5	10	16	4
3月	8	13	4	12	16	9	13	18	9	14	20	8
4月	12	18	7	15	19	13	16	22	9	16	21	10
5月	16	23	10	17	20	15	19	25	13	19	25	13
6月	22	29	15	22	24	20	23	31	17	24	28	18
7月	26	34	18	25	28	23	25	33	18	27	32	21
8月	27	35	19	26	28	24	29	38	21	28	32	22
9月	23	30	17	23	26	21	26	33	20	24	29	20
10月	17	25	10	20	23	17	23	31	16	20	26	14
11月	8	16	3	14	18	10	15	22	9	14	20	6
12月	6	11	1	11	14	8	12	17	6	11	17	4

※統計年分：2018(各月分平均溫度、平均高溫、平均低溫)，數據來源：www.tutiempo.net

西班牙小檔案 03

時差 | 比台灣慢6或7小時

伊比利亞半島當地時間的計算方法是：冬季在格林威治時間上加1小時，夏季由於實行夏令時間，須在格林威治時間上加2小時。所以冬季比台灣慢7小時，而夏季比台灣慢6小時。而北非大西洋中的加納利群島（Canarias）實行的是格林威治時間，該群島的時間會比西班牙其他地方慢一個小時。

西班牙冬夏時間換算表 (製表：李容菜)

	時間範圍	西班牙＝台灣
夏令時間 (比台灣慢6小時)	3月最後一個週日～ 10月最後一個週日	08:00＝14:00 12:00＝18:00
冬令時間 (比台灣慢7小時)	10月最後一個週日～ 3月最後一個週日	08:00＝15:00 12:00＝19:00

西班牙小檔案 04

語言 | 西文，再加4個地方自治區官方語言

西班牙的官方語言為卡斯提亞語（Castellano），也是大家熟知的西班牙語，此外在各自治區的母語也被官方承認，包括加泰隆尼亞自治區和巴利阿里群島的加泰隆尼亞語（Catalán）、瓦倫西亞自治區的瓦倫西亞語（Valenciano）、加利西亞自治區的加利西亞語（Gallego）、巴斯克自治區的巴斯克語（Euskera），在上述自治區都以母語為主，但卡斯提亞語也都通。

西班牙小檔案 05

航程 | 要飛17～20多個小時

目前國內並沒有直飛西班牙的班機，一般來說中途會有1～2個轉機點，通常第2個轉機點會在航空公司所隸屬的國家。飛行時間約在17～20小時不等。目前所知，卡達、土耳其、阿聯酋和阿提哈德航空的行李限制為30公斤，較其他家航空公司多；其他例如荷蘭航空算是較為中等的價位；韓航和泰航則只需轉機一次，航程較短。

西班牙小檔案 06

電壓 | 220伏特，圓形插孔

西班牙的電壓為220伏特，插頭為圓形插孔，一般來說，目前的手機、相機、筆電等，大多可承受110～240伏特的電壓，充電時只要準備轉接插頭即可，其他只能承受110伏特的電器，就需要準備變壓器，再加上轉接頭來充電；要注意的是，變壓器不可長時間使用，通常在使用1～2小時後，變壓器會變得極熱，且容易燒掉，最好使用後立即拔起散熱，並且盡量不要長時間充電。

出發前先確認各項電器的電壓承受度，建議可帶條延長線，只要將轉接插頭接上延長線，其他電器直接插在延長線的插座上就可以囉！

認識西班牙

西班牙小檔案 07

治安 | 較以往改善，但仍需注意

一般國人想到西班牙，都會直接聯想到這是個治安不好的國家，心生恐懼後就打消了來旅遊的念頭。其實近年來西班牙的治安已經改善不少，以往惡名昭彰的馬德里和巴塞隆納，現都有大批警察在街道上巡邏，地鐵每個角落也都裝有監視器，主要原因是因為近年來歐洲國家擔心遭受恐怖攻擊，所以在巡邏和防範上都下了許多功夫，因此也提高了旅遊的安全性。

但是出門在外，仍要時時小心警覺，不要太過於放鬆或招搖，引來歹徒的覬覦。請參P.186的教戰手冊！

路上觀察 西班牙抽菸小提醒

西班牙人抽菸的習慣是非常普及的，走在路上總是不免吸到二手菸，以前在小酒館中更是煙霧瀰漫。但自2011年起，西班牙通過禁菸法令，所有室內場所全面禁菸！這對不吸菸的民眾來說無疑是一大福音，癮君子們也要小心避免觸法。另外吸菸的朋友會發現西班牙人大多購買捲菸，這是因為捲菸在西班牙比單包的菸品便宜，在當地若需購買菸品可以參考一下。

espacio sin humo

Prohibido fumar

◀ **Prohibido fumar 禁菸**

西班牙小檔案 08

匯率 | 1歐元＝約35～42元新台幣 　Euro＝歐元 / Céntimos＝分 / 1歐元＝100分

西班牙於2001年隨著歐盟的政策，將原本的比塞塔幣（Pesetas）改為現在的歐元（€），物價也跟著上漲很多，目前匯率大約是在35～42元左右，意即1歐元約等於新台幣35～42元。匯率時有波動，出國前最好開始注意匯率，可以選匯率較低的時候去兌換，比較划算。

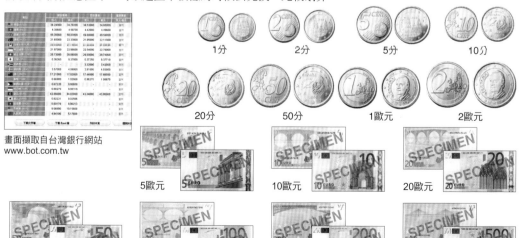

畫面擷取自台灣銀行網站
www.bot.com.tw

1分　2分　5分　10分

20分　50分　1歐元　2歐元

5歐元　10歐元　20歐元

50歐元　100歐元　200歐元　500歐元

西班牙小檔案 09

營業時間 | 下午2～5點休息

　　商家大約都在10:00左右開始營業，而因爲夏季天氣過於炎熱，大部分的店家在14:00～17:00左右，會先關起大門休息，直到5點多才又開始營業，大約至21:00。不只是店家，一些公家機構如郵局，也是遵照此營業時間，銀行則從08:30營業至14:30。通常夏季和冬季的營業時間會有些許的不同，所以在進入商家時，可以先看

▲ 休息時間街道上人煙稀少

一下店門口的營業時間。跟在台灣許多24小時營業的場所相比，會顯得不方便許多，但是試著在夏天下午出去走走，會發現天氣真的是熱得受不了，逛街的興致馬上就減少了大半，客人都在家休息了，店家當然也要關門午休啦！

攝影／邱宗翊

西班牙小檔案 10

西班牙的世界人文遺產　全世界擁有第三多

　　聯合國教科文組織頒布的世界人文遺產名單可分爲文化遺產、自然遺產，以及複合（文化加自然）遺產，自1985年起，西班牙共有47個景點名列世界人文遺產（Patrimonio de la Humanidad），是目前全世界擁有第三多世界人文遺產的國家，這些地方也成爲熱門觀光景點。

人文遺產	說明
塞哥維亞古城及羅馬渠水道 速翻 P.145 Ciudad vieja y acueducto de Segovia	1985年列入名單。塞哥維亞的羅馬渠水道是伊比利半島最雄偉的羅馬古蹟。
哥多華清眞寺主教座堂及歷史舊城區 速翻 P.166 Mezquita-Catedral y Centro histórico de Córdoba	1984年列入名單，1994擴展項目。象徵摩爾人統治時期的黃金年代。
格拉納達的阿蘭布拉宮、赫內拉利費宮和阿爾拜辛 速翻 P.167 Alhambra, Generalife y Albaicín de Granada	1984年列入名單，1994擴展項目。構成中世紀格拉納達王國的核心。
布爾戈斯主教座堂 速翻 P.147 Catedral de Burgos	1984年列入名單。建於1211年，內有15間禮拜堂，是西班牙唯一獨立列入人文遺產名單的主教座堂。
聖羅倫佐埃斯科里亞爾修道院 速翻 P.140 Monasterio y Sitio de El Escorial, Madrid	由菲利佩二世設計，是西班牙國力最強盛時期的偉大傑作，包括教堂、美術館、寢宮等功能。

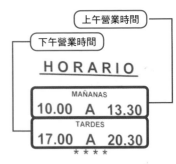

認識西班牙

安東尼・高第建築作品 速翻 P.155 Obras de Antoni Gaudí	1984年列入名單，2005擴展項目。安東尼・高第在巴塞隆納主要的現代主義建築作品皆列入名單中。
聖地雅哥德孔波斯特拉古城 速翻 P.176 Casco antiguo de Santiago de Compostela	1985年列入名單。數世紀以來為朝聖者目的地，瞻仰聖雅各之墓；也是中世紀天主教對抗伊斯蘭教的象徵。
阿維拉古城及城外教堂群 速翻 P.146 Casco antiguo de Ávila e iglesias extramuros	1985年列入名單。西班牙最完整的防禦城牆，11世紀時用來對抗摩爾人入侵。
歷史古城托雷多 速翻 P.150 Ciudad histórica de Toledo	1986年列入名單。經過數世紀不同王朝的統治，保留了猶太教、基督教和伊斯蘭教3種宗教文化。
卡塞雷斯歷史舊城區 速翻 P.24 Casco antiguo de Cáceres	1986年列入名單。此地見證天主教和伊斯蘭教的戰爭，因而有羅馬、伊斯蘭、哥德和文藝復興風格的建築。
塞維亞主教座堂、塞維亞王宮和西印度群島綜合檔案庫 速翻 P.164 Catedral, Alcázar y Archivo de Indias en Sevilla	1987年列入名單。塞維亞主教座堂存放著哥倫布的遺體；西印度群島綜合檔案庫保存西班牙殖民美洲的文獻。
薩拉曼卡舊城區 速翻 P.146 Casco antiguo de Salamanca	薩拉曼卡大學是全歐洲最古老的大學之一，舊城區融合了銀匠式、羅曼式、哥德、文藝復興和巴洛克等建築風格。
梅里達考古綜合體 Conjunto arqueológico de Mérida	1993年列入名單。伊比利半島上最重要的羅馬帝國遺址，包括露天劇場、羅馬劇場和戰馬場等構成考古綜合體。
聖地雅哥之路：法國之路與西班牙北方之路 速翻 P.174 Camino de Santiago de Compostela: Camino francés y Camino del Norte de España	1993年列入名單，2015年擴展項目。全世界第一條道路人文遺產，也是第一條歐洲文化之路，沿途眾多充滿歷史價值的宗教建築。每年有近30萬朝聖者踏上這歷史古道。
昆卡古城 速翻 P.149 Ciudad histórica fortificada de Cuenca	1996年列入名單。由摩爾人建立，12世紀被基督教所征服，有西班牙首座哥德式主教座堂和著名的懸空之家。
瓦倫西亞絲綢交易所 速翻 P.171 La Lonja de la Seda de Valencia	1996年列入名單。哥德晚期建築風格傑作，為瓦倫西亞身為地中海重要城市的財富象徵。
巴塞隆納的加泰隆尼亞音樂廳和聖十字聖保羅醫院 速翻 P.158 Palacio de la Música Catalana y Hospital de la Santa Cruz y San Pablo	1997年列入名單。巴塞隆納現代主義大師路易斯多梅尼克的代表作品，象徵當時活躍的現代主義藝術運動。
聖米揚上下修道院 Monasterios de San Millán de Yuso y de Suso 	1997年列入名單。上方修道院(Monasterio Suso)為西班牙語的搖籃，修士們在此將居民的口語用語文字化，即現今的西班牙文；下方修道院(Monasterio Yuso)中珍藏了當年的原始手稿。

埃納雷斯堡大學城及歷史舊城區 速翻 P.141 Universidad y casco histórico de Alcalá de Henares	1998年列入名單。埃納雷斯堡大學為歐洲大學城典範,建於1499年,是西班牙最古老的大學之一,也是馬德里自治區著名的五星級大學。
塔拉科考古綜合體 速翻 P.159 Conjunto arqueológico de Tarraco	2000年列入名單。古羅馬名塔拉科的塔拉哥納,曾為羅馬帝國重要的省會,而被挖掘出來的考古遺址更象徵當時強大的國力。
埃爾切的帕爾梅拉 速翻 P.172 Palmeral de Elche	2000年列入名單。帕爾梅拉意為種滿椰棗之地。阿拉伯人統治時期引進了灌溉系統,在埃爾切種植大量且不同種類的椰棗,至今有超過20萬顆椰棗的驚人景色。
盧戈的羅馬城牆 Muralla romana de Lugo  	2000年列入名單。盧戈的羅馬城牆建立於2世紀末,是羅馬帝國時期重要的防禦建設,也是西歐保存最完整且最美的羅馬城牆之一。
阿塔普埃爾卡山考古遺址 Yacimiento arqueológico de Atapuerca	2000年列入名單。2008年在阿塔普埃爾卡山挖掘出西歐最古老的人類亞種化石。歷年成就包括前人、海德堡人、智人的化石,至今每年仍有考古團隊在此進行挖掘。
阿蘭惠斯文化景觀 速翻 P.142 Paisaje cultural de Aranjuez	2001年列入名單。阿蘭惠斯皇宮歷經3世紀才完工,由巴洛克式花園、水道、教堂構成阿蘭惠斯文化景觀。
比斯開橋 Puente de Vizcaya	2006年列入名單。1893年完工,位於內爾比翁河出海口,是世界上首座渡運橋,橋下有能載人、車的車廂,至今仍為往返畢爾包河、波爾杜雷卡城市兩端的重要運輸工具。
海克力士塔 Torre de Hércules  	2009年列入名單。世界上最古老的燈塔,超過1,900年歷史,高達55公尺,西班牙第二高,至今仍運作中。
安特克拉的支石墓遺址 速翻 P.169 Sitio de los dólmenes de Antequera	2016年列入名單。安特克拉有3座新石器時期留下的支石墓穴,是歐洲新石器時代藝術的精華典範。
阿薩哈拉古城 速翻 P.166 Ciudad Califal de Medina Azahara	2018年列入名單。於西元945年完成。在卡里發多帝國衰敗後被遺忘千年,直到20世紀才被考古團隊挖掘出包括橋、古道、花園、裝飾品等,重現當時輝煌。

認識西班牙

其他世界人文遺產

阿爾塔米拉洞及西班牙北部舊石器時代洞窟藝術
Cueva de Altamira y arte rupestre paleolítico
del norte de España

奧維耶多和阿斯圖里亞斯王國的古蹟群
Monumentos de Oviedo y del Reino de Asturias

阿拉貢自治區的穆德哈爾式建築
Arquitectura mudéjar de Aragón

波夫萊特修道院
Monasterio de Poblet

皇家瓜達露佩聖母修道院
Real Monasterio de Santa María de Guadalupe

拉斯梅德拉斯礦山
Las Médulas

席爾加・維德史前岩石藝術區
Sitios de arte rupestre prehistórico del Siega Verde

伊比利亞地中海盆地的岩畫藝術
Arte rupestre del arco mediterráneo de la
Península Ibérica

拉古納的聖克斯托瓦德城
San Cristóbal de La Laguna

博伊谷地的羅曼式教堂建築
Iglesias románicas catalanas del Valle de Bohí

特拉蒙塔納山脈文化景觀
Paisaje cultural de la Sierra de Tramontana

阿爾馬登的汞礦遺產
Almadén, patrimonio del mercurio

烏韋達和巴耶薩文藝復興建築群
Conjuntos monumentales renacentistas de
Úbeda y Baeza

其他世界自然遺產

加拉霍奈國家公園
Parque Nacional de Garajonay

多尼亞納國家公園
Parque Nacional de Doñana

泰德國家公園
Parque Nacional del Teide

喀爾巴阡山脈原始山毛櫸森林
Los Hayedos primarios de los Cárpatos y otras
regiones de Europa

其他複合型人文遺產(文化遺產＋自然遺產)

庇里牛斯山脈—佩爾迪多山
Pirineos - Monte Perdido

伊比薩島的生物多樣性及文化
Ibiza, biodiversidad y cultura

 豆知識　**西班牙美村**
Los pueblos más bonitos de España

　　西班牙除大城市外，許多小鎮也都有各自精采的古蹟和文化，是西班牙人週末度假的首選，許多小鎮因此成為熱門的觀光景點。

　　2011年成立了西班牙美村協會(Asociación de los pueblos más bonitos de España)，主旨為帶動鄉村旅遊，同時強調保存在地文化、自然遺產，拉近城鄉差距，經由專家環評、田調，每年年初會選出最新名單，2019年共有79個小鎮入選。

　　成為西班牙美村必須符合2項條件：人口必須少於1萬5千人，並且至少有1個國定古蹟或自然遺產。

官方 Instagram：
lospueblosmbe

▲ 卡斯提亞雷昂自治區的芙莉亞斯(Frías)
(圖片提供 / Imagen cedida por Roberto Dávila Ruiz)

除了人文遺產外，還有非物質人文遺產（Patrimonio cultural inmaterial de la Humanidad），包括瀕臨語言、表演藝術、技能知識、口述傳播等。西班牙在非物質人文遺產資源也相當豐富。

非物質人文遺產		說明
地中海水源灌溉法庭 速翻 P.171 Tribunales de regantes del Mediterráneo español		慕爾西亞和瓦倫西亞自治區在13世紀時創立的水源法庭，以公正、公開的方式解決水利問題，至今仍被西班牙法律承認。瓦倫西亞的水源法庭每週四開庭。
佛朗明哥 速翻 P.124 Flamenco		西班牙最重要的舞蹈藝術之一，在起源地安達魯西亞最為蓬勃發展，各大城市、市鎮都能看到道地的佛朗明哥演出。
哥多華庭院節 速翻 P.167 Festival de los Patios de Córdoba		具有百年歷史的庭院節，讓哥多華的傳統庭院在5月期間成為開放花藝空間，提供民眾參觀。世代相傳，因而凝聚社群力量、維持當地傳統。
埃爾切的神祕劇 速翻 P.172 El misterio de Elche		自15世紀以來未間斷，每年8/14～15在埃爾切舉行以瓦倫西亞語和拉丁文吟唱的聖母死亡、升天音樂劇，動員超過2千人齊心完成。
瓦倫西亞火節(法雅節) 速翻 P.127 La Fiesta de las Fallas de Valencia		火節又稱作法雅節，每年3/15～19舉行。展現瓦倫西亞旺盛生命力、純熟的手工藝和設計創意。也將當地傳統緊密結合。

其他非物質人文遺產	其他非物質人文遺產
貝爾加的帕姆特節 Patum de Berga	地中海飲食 Dieta mediterránea
戈梅拉哨語 Silbo Gomero	馴鷹 Cetrería, patrimonio humano vivo
馬約卡預言之歌 Canto de la Sibila de Mallorca	阿爾赫梅西聖母節 La fiesta de «la Mare de Déu de la Salut» de Algemesí
疊人塔 Castells	庇里牛斯山夏至火節 Fiestas del fuego del solsticio de verano en los Pirineos
傳統鼓陣儀式 Las tamboradas, repiques rituales de tambores	乾石藝術建築技巧與常識 Conocimientos y técnicas del arte de construir muros en piedra seca

權力遊戲之旅
Ruta de Juego de tronos

　　改編自美國小說家喬治馬丁的奇幻小說「冰與火之歌」的HBO熱門影集「權力遊戲」，在全球引起收視熱潮，許多觀眾在看完影集之後也想一探這奇幻世界觀的真實場景。西班牙壯觀且豐富的自然景觀、不同王朝文化留下來風格迥異的古蹟，都超適合這部奇幻影集。因此劇組從第五季至第七季在西班牙拍攝，其中多恩王國的場景大多在安達魯西亞自治區拍攝；震撼人心的君臨王后瑟曦·蘭尼斯特裸體遊街場景在赫隆納主教座堂拍攝；此外，包括埃斯特雷馬杜拉、加泰隆尼亞、巴斯克自治區都是拍攝地點，成為影迷們必遊之地。許多小鎮如歐蘇納、加茲特魯加特島更是因為這部影集一夜爆紅，讓寧靜小鎮變成熱門觀光地點！

塞維亞 (Sevilla)

　　充滿阿拉伯風格的塞維亞王宮成為影集中多恩王國的主要場景，如火龍現身的伊大利卡考古遺址，及塞維亞皇家船廠（Atarazanas de Sevilla）。

▲ 塞維亞王宮(El Alcázar de Sevilla)

▲ 伊大利卡考古遺址(Ruinas de Itálica)

哥多華 (Córdoba)

　　哥多華的羅馬橋成為影集中的瓦蘭提斯長橋。而除了羅馬橋外，哥多華城市本身就是個傳奇，絕對不能錯過！河畔的阿莫多瓦鎮中城堡（Castillo de Almodóvar del Río）也是影迷朝聖景點。

▲ 哥多華清真寺主教座堂內部

▲ 必參觀！清真寺主教座堂

歐蘇納 (Osuna)

歐蘇納百年歷史的鬥牛場被劇組選為彌林的競技場，在此拍攝聲勢浩大的戰鬥場面，採石場也是劇組喜愛的場景之一，雖然最後畫面沒被用在影集中，還是很推薦到此一遊喔！

▲ 歐蘇納鬥牛場(Plaza de toros de Osuna)

▲ 採石場(El coto de las canteras)

卡塞雷斯 (Cáceres)

卡塞雷斯中世紀風格且未受戰爭、城市發展破壞的舊城區，成為第七季君臨王國的主要場景。

▲ 卡塞雷斯舊城區(Casco Antiguo de Cáceres)

加茲特魯加特島 (Gaztelugatxe)

加茲特魯加特島在北部巴斯克自治區的小島，透過石橋和西班牙本島連結。壯麗的海岸風景、長到不行的石橋，及神祕的聖約翰隱修院，都是第七季龍石島的拍攝場景。

▲ 聖約翰隱修院(Ermita de San Juan de Gaztelugatxe)
圖片提供 / Imágen cedida por Diego Borrego

赫羅納 (Girona)

赫羅納成為老城與君臨的場景，史塔克家族的小女兒艾莉亞許多街頭打鬥的追逐戲，就是在舊城區拍攝的。君臨皇后被凌辱裸體遊街的場景則是在主教座堂前拍攝。

▲ 赫羅納主教座堂(la Catedral de Girona)

其他拍攝場景	所在城市／地區
巴登納雷阿雷斯自然公園 Las Bardenas Reales, Navarra	納瓦拉自治區
貝尼斯克拉 Peñíscola	貝尼斯克拉
阿爾梅尼亞堡壘 Alcazaba de Almería	阿爾梅尼亞
聖塔佛倫提納城堡 Castillo de Santa Florentina	巴塞隆納
薩夫拉城堡 Castillo de Zafra	瓜達拉哈拉
伊促倫海灘 Playa de Itzurun	蘇馬亞
巴利卡海灘 Playa de Barrika	巴利卡
巴盧耶可斯國家公園 Parque Natural de los Barruecos	埃斯特雷馬杜拉
楚希尤城堡 Castillo de Trujillo	埃斯特雷馬杜拉

應用西班牙語ABC

字母發音

字母	讀音	字母	讀音
A	[a]	O	[o]
B	[be]	P	[pe]
C	[c]	Q	[cu]
D	[de]	R	[erre]
E	[e]	S	[ese]
F	[efe]	T	[te]
G	[ge]	U	[u]
H	[ache]	V	[uve]
I	[i]	W	[uve doble]
J	[jota]	X	[equis]
K	[ka]	Y	[I griega]
L	[ele]	Z	[zeta]
Ll	[elle]		
M	[eme]		
N	[ene]		
Ñ	[eñe]		

應用單字

數字

0	cero
1	uno
2	dos
3	tres
4	cuatro
5	cinco
6	seis
7	siete
8	ocho
9	nueve
10	diez
11	once
12	doce
20	veinte
30	treinta
40	cuarenta
50	cincuenta
60	sesenta
70	setenta
80	ochenta
90	noventa
100	cien
1000	mil

星期　semana

星期一	lunes
星期二	martes
星期三	miércoles
星期四	jueves
星期五	viernes
星期六	sábado
星期日	domingo

時間

小時	hora
月	mes
年	año
昨天	ayer
明天	mañana
後天	pasado mañana

四季　estaciones

春季	primavera
夏季	verano
秋季	otoño
冬季	invierno

行前準備
Preparation

出發前，要預做哪些準備？

提供網路資源與年度節慶表，幫助你快速架構行程。

詳列必備的證件與行李清單，讓你輕鬆打包不煩惱。

蒐集旅行資訊

網路找資料、視節慶時間規畫理想行程

在 出發前，一定要先蒐集資料並規畫行程，依據自己預計旅遊的總天數，參考各個城市的景點及特色來規畫。這時，網路就是你最好的工具，可以先在網路上尋找一些中文資料，或是其他人的旅遊經驗、不可不看的景點、一年一度的節慶，對要去的地方有所瞭解，甚至可以先學幾個西班牙文單字，依照自己想要的方式來規畫行程，這才是自助旅行的樂趣喔！

實用網站

善用網路，規畫旅遊：11個超好用網站推薦。

西班牙旅遊局官網 (西、英、簡中)
西班牙旅遊局官方網站，可查詢各城市旅遊、訂房等資訊，並介紹近期較大的節慶活動，有簡體中文頁面。
http www.spain.info

西班牙氣象網站 (西、英)
以地圖方式標示各城市天氣概況，可以查詢天氣預測及氣溫等資訊。
http en.eltiempo.es

西班牙機場網站 (西、英)
西班牙所有機場的資訊皆可以由此查詢，包含各機場平面圖、班機起降時間等。
http www.aena.es

西班牙鐵路網 (西、英)
可查詢火車時刻表、票價、火車內所包含的服務內容，並可以直接在線上購買火車票。
http www.renfe.es

國際青年旅館 (西、英)
有簡體中文頁面，內容包含各國青年旅館的地址和資訊，並可以直接在線上預訂床位。
http www.hihostels.com

西班牙國營旅館 (西、英)
介紹西班牙所有國營旅館的地點和特色，也可查詢到房價以及是否附有早餐等資訊，可以線上訂房。
http www.paradores.es

外交部西班牙旅遊資訊
至外交部網站上點選「旅外安全資訊」，選取「各國暨各地區旅遊及消費者保護資訊」，可找到關於赴西旅遊的相關資訊及介紹。
http www.boca.gov.tw

西班牙文化網站 (西、英)
網站提供當期最新的國內藝術展覽及藝文活動，喜歡歐洲藝術和逛美術館的人，可以先上網安排行程。
http www.spainisculture.com

馬德里觀光資訊網 (西、英、簡中)
介紹馬德里觀光資訊，有景點、交通、餐飲、住宿、購物等資料，及當季推薦的觀光景點或展覽可供參考。
http www.esmadrid.com

巴塞隆納旅遊資訊網 (西、英)

介紹巴塞隆納觀光資訊,另有住宿、餐廳、交通等資料,以及巴塞隆納旅遊卡和觀光巴士路線介紹。

http www.barcelonaturisme.com

塞維亞旅遊資訊網 (西、英、簡中)

介紹塞維亞當季觀光資訊、推薦的餐廳、旅館等,以及各個觀光景點的歷史和特色。

http www.visitasevilla.es

實用APP

選擇好的APP能讓你的旅程更方便,除了一些手機內建的APP外,特別推薦15個好用的APP給大家。

推薦APP	說明
	Go Euro iOS Android 提供尋找班機、巴士、火車等,有安排路線及比價功能。
	極簡匯率 iOS Android 極簡匯率APP助你將每筆開銷都算得準準的。直覺好用的操作方式、查詢匯率歷史等功能絕對是出國必備!
	Vueling iOS Android 歐洲廉價航空之一,主要是飛西班牙國內班次多且便宜,有購票、劃位、下載電子登機證等服務。
	El Tenedor iOS Android 在西班牙找餐廳的好用APP,地圖會顯示附近的餐廳,評價和照片等等,可查詢超過3萬間餐廳訊息。
	Vivino: Buy the Right Wine iOS Android 愛喝葡萄酒的人必備,只要拍下酒標,就會顯示使用者評分和平均價格,讓你精打細算喝好酒!
	Google Map iOS Android 自助旅行必備的好夥伴,可在各景點上閱讀評價及撰寫評價,也可下載APP的離線地圖功能,即使沒有Wi-Fi,也不怕迷路!

	Madrid Metro iOS Android 馬德里地鐵官方APP,有簡體中文版。除地鐵圖外,也有熱門景點旅遊地圖。還能幫你規畫車程,讓你在馬德里轉乘地鐵時不迷路。
	Barcelona Metro iOS Android 巴塞隆納地鐵官方APP,有繁體中文版。有地鐵圖和轉乘路線規畫,是遊走巴塞隆納市區最好的小幫手。
	航班現場－航班追蹤器 iOS 簡單好用的APP,讓你在線上取得全世界的航班資訊,也掌握自己航班的即時訊息。
	Iberia iOS Android Iberia express主要為飛西班牙國內班次。航班多且能到達更多西班牙城市。其APP有購票、劃位、下載電子登記證等服務。
	Booking.com iOS Android 全球最大的訂房APP之一,尤其在西班牙超級好用。西班牙各大城市的飯店、民宿、青年旅館幾乎都能在Booking.com上找到,有多項優惠折扣。下載APP尤其重要,若在最後一刻還沒找到飯店的話,Booking.com絕對是你的救星。
	Tripadvisor iOS Android 提供觀光景點、飯店、餐廳等資訊查詢和旅客評價,每年都有年度精選,同時也可以寫下你對這些地點的評價,提供給其他旅客參考。
	Evernote iOS Android 強大的生產力工具,也很適合用於自助旅行。除能事先安排旅程外,掃描功能讓你所有的時刻表和地址等資料都不再遺失。日記功能則能將旅行的心情集結成冊,分享給身邊朋友。
	TrabeePocket iOS Android 好用的記帳APP,首先輸入旅程總預算,系統會自動幫你換算匯率,記帳模式簡單好懂,善加運用,保障旅費不超支。
	Yahoo氣象 iOS Android 有未來10天的氣象預報,以及詳細的氣象數據,如降雨率、風速、日出日落時間,主畫面還會顯示旅遊地點風景照。

掌握西班牙節慶與假日　西班牙節慶及假日一覽表

(顏色底標記表示為全國性節日／此表日期以2019年為準)

日期	節慶與假日	說明	城市／省分
1月1日	元旦 El año nuevo	新年第一天，全國放假。	
1月5日	三王節遊行 Cabalgata de los Reyes Magos	西班牙小朋友的聖誕禮物並不是在12月24日收到，而是要到三王節才會收到，傳說三王會騎著駱駝從東方來。三王節期間最道地的甜點為Roscón麵包，不乖的小孩只能吃木炭糖！1/5為三王節遊行，1/6才是三王節。	
1月20日	鼓節 La Tamborrada	隨處可聽見鼓聲，每年預計有超過125個由20～50人組成的鼓隊，從遊行開始集合至廣場共同演奏，非常壯觀。	聖西巴斯提安市 San Sebastián
3月3日	狂歡節 Carnavales	西班牙最有名的狂歡節位於加地斯地區及聖塔克魯茲，前者在狂歡節期間，搞笑藝人會唱著充滿嘲諷幽默的歌曲及扮裝遊行；後者則是西班牙規模最大的狂歡節，有華麗的花車遊行。巴達霍斯的狂歡節也相當有特色，整個省的小鎮都會來參與遊行。透過製作華麗的服飾、排舞、讓巴達霍斯各鎮的人更團結。	加地斯 Cádiz／聖塔克魯茲 Santa Cruz de Tenerife／巴達霍斯 Badajoz
2月28日	安達魯西亞日 Día de Andalucía	為了慶祝安達魯西亞通過公投成為獨立自治區，這一天會看到自治區國旗在自治區內的城市及小鎮的各個角落飛揚著。	安達魯西亞 Andalucía
3月15～19日	火節 Fiesta de Las Fallas	瓦倫西亞當地藝術家整年都在雕塑法雅木偶，節慶期間將法雅像擺設於街道上，直到3/19聖荷西日選出首獎後，其他雕像皆須燒毀。	瓦倫西亞 Valencia
3月19日	聖荷西日(父親節) Día de San José	天主教國家選擇在這一天紀念耶穌父親聖荷西，也成為慶祝父親節的日子。	
4月14～21日	聖週 Semana santa	西班牙聖週，或稱作復活節，城市中每個教區抬著教堂耶穌、聖母聖像遊行，以及鼓隊伴奏。聖週期間記得吃La torrija甜麵包。	
4月23日	聖喬治節 La fiesta de Sant Jordi	這天除了是慶祝巴塞隆納的守護聖者聖喬治節外，也是國際書本日，以及加泰隆尼亞自治區的情人節。	巴塞隆納 Barcelona
5月4～11日	塞維亞春會 Feria de abril	聖週後的重要活動，在搭滿帳篷的塞維亞城市，能看見身穿當地傳統服飾且跳著Sevillana舞蹈的塞維亞人，全在享受春天的到來。現場還有遊樂場跟美食攤位。	塞維亞 Sevilla
5月7日	母親節 Día de la madre	比台灣的母親節早一週，在每年5月第一個星期天慶祝。	
5月11～15日	聖伊西德羅節 Fiestas de San Isidro	馬德里最重要的傳統節慶之一，舉辦很多舞蹈、傳統民謠，而馬德里人也會穿上傳統服裝，大人小孩皆參與這項盛事。	馬德里 Madrid
6月9～10日	羅西歐聖母節 La Romería de El Rocío	為了紀念聖母羅西歐，會有許多朝聖隊伍，穿著傳統服飾到羅西歐村莊朝聖。	韋爾瓦省 Huelva

日期	節慶	說明	地點
6月23～24日	聖約翰節 Fiesta de San Juan	6/23晚間12點，點燃營火，隨著營火歌舞和跳過火堆，慶祝聖約翰生日及夏至到來，營火象徵給太陽能量以及帶給與會者淨化的力量。	
7月3～7日	馬德里同志大遊行 Madrid Orgullo	強調同志友好、性別平權的馬德里同志大遊行，是全世界最盛大的同志遊行之一，為期5天，馬德里到處都會有好玩的活動！	馬德里 Madrid
7月7～14日	聖費爾明節 Los Sanfermines	聖費爾明節是西班牙著名的節慶之一，節慶期間每天都有奔牛活動，與會者穿白衣戴紅色領巾奔跑在牛群之前，一路奔向終點鬥牛場。	潘普洛 Pamplona／納瓦納 Navarra
8月15日	聖母升天節 La asunción de la virgen	紀念聖母瑪利亞的肉身及靈魂升天之日，在這天會有宗教遊行、傳統舞蹈，也有巨人像遊行，是西班牙重要的宗教節日之一。	
8月28日	番茄節 La tomatina	小鎮布紐爾每年8月最後一個週三舉行的食物大戰，市政府提供超過百噸的熟番茄讓民眾互丟。限量2萬人，必須先購票才能參加。 (購票網站：www.tomatina.es)	布紐爾 Buñol／瓦倫西亞 Valencia
9月16日	國際海鮮飯競賽 Concurso Internacional de Paella	每年這一天在蘇維卡小鎮會舉行國際性的海鮮飯比賽及稻米節(Fiesta de Arroz)，有好吃的海鮮飯和遊行。	蘇維卡 Sueca／瓦倫西亞 Valencia
9月10日～ 10月4日 ※日期為2020年	塞維亞佛朗明哥雙年展 La Bienal de Flamenco de Sevilla	每兩年舉辦一次的佛朗明哥雙年展，是佛哥圈和舞蹈界最重要的活動之一，為期1個月，在塞維亞到處都能看到大師級的佛朗明哥表演。	塞維亞 Sevilla
10月12日	國慶日 Día nacional de España	西班牙國慶日有國王和總統致詞和三軍巡禮，可以在首都馬德里西貝萊斯廣場看遊行。	
11月1日	萬聖節 Día de todos los santos	西班牙的清明節，習俗是在這一天帶著花束至祖先或逝世的親人墳前進行打掃與悼念。萬聖節甜點buñuelos的口感有點像泡芙。	
11月9日	阿穆德娜聖母日 Día de la Almudena	馬德里的聖母日，這天天主教教堂中的聖母雕像會出巡，有莊嚴且神聖的遊行，這一天所有商店都休息一天。	馬德里市 Madrid
12月6日	行憲紀念日 Día de la constitución	馬德里會有很多政治、文化活動和西班牙議會限定空間開放日，提供民眾參觀。	
12月22日 開始	聖誕節假期 La Navidad	西班牙最重要的假期，這段期間各大商店都在特價出清。這是個家庭團聚的節日，12/24為Nochebuena平安夜，會吃團圓飯；12/25則是聖誕節，店家通常都會提早關門休息。	
12月28日	愚人節 Día de los santos inocentes	熟人間互相惡整彼此，甚至是電視節目都有可能製造假消息來惡整民眾，一系列的整人遊戲，在這一天要做好心理準備被惡整。	
12月31日	除夕日 Noche vieja	最著名的跨年活動就是吃12顆葡萄，在最後倒數的時候，廣場會敲12下鐘聲，一個鐘聲吃一顆葡萄，圓滿你未來的一年。	

西班牙 到處都好玩

---

01 蘭薩羅特島 Lanzarote
在火山島看自然景觀、騎駱駝

02 特內里費島 Tenerife
西班牙最高的山，3,718公尺的泰德火山

03 大加納利亞島 Las Palmas de Gran Canaria
參觀台灣作家三毛的故居

04 畢爾包 Bilbao
古根漢美術館是觀光熱門景點

05 布爾戈斯 Burgos
其主教座堂是西班牙最壯觀的主教座堂之一

06 里歐哈自治區 La Rioja
主要葡萄酒產地，有葡萄酒之路的行程，愛酒人士不可錯過

07 拉曼恰自治區 Castilla-La Mancha
塞萬提斯之鉅作《唐吉軻德》正是描寫此地的人文景色

08 哥多華 Córdoba
全世界唯一擁有4項人文遺產的城市，著名的清真寺主教座堂是必遊景點

09 格拉納達 Granada
阿蘭布拉宮、白色山城，還有難以抗拒的超大份Tapas

10 潘普洛納 Pamplona
體驗海明威筆下精采又刺激的聖費爾明節奔牛活動

11 巴塞隆納 Barcelona
高第的經典建築作品都在巴塞隆納市中心

12 瓦倫西亞 Valencia
絕不能錯過道地的瓦倫西亞海鮮飯

13 伊比薩群島 Ibiza
電音派對聖地

14 聖地雅哥德孔波斯特拉 Santiago de Compostela
這裡就是聖地雅哥之路終點

15 薩拉曼卡 Salamanca
薩拉曼卡大學是西班牙最古老的大學，已滿800歲

16 梅里達 Mérida
保存完整的羅馬競技場，每年都有戲劇節演出

17 塞維亞 Sevilla
在塞維亞必須享受一場道地的佛朗明哥

準備旅行證件

護照+簽證＋國際駕照

出國旅遊，最重要的證件就是護照，到西班牙短期旅行90天內不需要辦理護照，但若是工作或是念書就必須申請工作簽證及學生簽證。其他如國際學生證、國際駕照等等則是依個人需要辦理。要注意，證件辦理都需要一定的工作天數，確定出發時間後，請即早申辦所需的證件。

申辦護照

哪些人需要辦護照

第一次出國還沒辦過護照者，或護照有效期限未滿6個月者，必須辦理護照。且依西班牙商務辦事處規定，護照有效期限必須超過回程日期3個月以上。

如何申辦護照

護照可以請旅行社代辦，或自行至外交部領事局辦理。

所需文件

■ **護照申請書1份**：未成年人申請護照，應先經父或母或監護人在申請書背面簽名表示同意，並黏貼簽名人身分證影本。

■ **身分證正本與影本各1份**：影本1份黏貼於申請書正面(正面影本上換發、補發日期須清楚)。14歲以下未領身分證者，繳交戶口名簿正本，並附上影本1份或3個月內辦理之戶籍謄本。

■ **2吋照片一式2張**：照片須為6個月內所拍攝之2吋光面白色背景彩色照片，脫帽、五官清晰、不遮蓋，相片不修改，不得使用戴有色眼鏡照片及合成照片。一張黏貼，另一張浮貼於申請書。通常只要去照相館時，告知說是要辦理護照用的，就會符合以上條件。

■ **繳交舊護照(新辦則免)**：護照有效期限未滿1年，即可辦理新護照。

■ **男性請攜帶相關兵役證件**：證件為已服完兵役、正服役中或免服兵役證明文件正本。先送國防部或內政部派駐本局或各分支機構櫃檯，

護照這裡辦

外交部領事事務局

🌐 www.boca.gov.tw
✉ 台北市中正區濟南路1段2之2號3～5樓
📞 (02)2343-2888
🕐 週一～五08:30～17:00(中午不休息，另申辦護照櫃檯每週三延長辦公時間至20:00)
一般申請案4個工作天，遺失補發5個工作天
💲 新台幣1,300元(費用時有更動，請參考外交部領事事務局公告)

※ 資料時有異動，請以官方公布的最新資料為主

在護照申請書上加蓋兵役戳記，尚未服兵役者則免持證件，直接向上述櫃檯申請加蓋戳記。

■ **辦理費新台幣1,600元**：護照辦理費用為新台幣1,600元（6個工作天），急件費用1,900元（5個工作天）。未滿14歲、男子未免除兵役義務，尚未服役至護照效期縮減者，每本費用為新台幣1,200元。請於取得收據後立即到銀行櫃檯繳費，並保留收據，憑收據領取護照。

赴西班牙旅遊免簽證

自2011年1月11日起，赴歐旅遊90天內免簽證囉，只要攜帶效期超過6個月以上的中華民國護照，毋須申辦簽證就可以進出申根國家。所謂90天是指在6個月內，可以單次或多次入境，停留的時間累計不超過90天。

免簽證需備入境文件

以下資料除護照外，入境時不一定會被查驗，但為求旅途順利及避免突發狀況，建議還是將資料攜帶齊全，以備不時之需。

■ **護照正本**：有效期限須至少6個月以上。

■ **行程相關資料**：如旅館訂房證明、要參加的活動或是會議邀請函、短期進修者攜帶入學許可證明、學生證等。基本上就是在西班牙預計行程中，可以出示的證明文件。

■ **旅遊平安保險**：並非制式規定必須申辦，但歐洲醫療費用昂貴，建議在出發前還是要投保適當的旅遊醫療保險，且有時海關會要求出示保險證明。

行家祕技　建議直接入出境西班牙

歐盟已經同意台灣入出境申根國家免簽證，但有不少朋友在入境歐盟時，仍不時地會被海關攔阻下來，以準備資料不齊全等等理由，不讓其入境。這大多發生在非西班牙的歐盟國家如德國、法國、荷蘭等，這樣的情況也許將隨著時間及台灣旅遊者的增加而日益減少。但並不表示在非西班牙的歐盟國家一定會受刁難，而直接入境西班牙也有可能會遇到相同的狀況。

建議若行程安排許可，可以直接將西班牙當成第一個入境的歐盟國家（即購買機票時，在亞洲國家轉機，直接飛往西班牙），卡在海關無法入境的機率較小。另外，自西班牙離開歐盟的好處是，在西班牙退稅比較方便且快速，且退稅處多設於班機飛往非歐盟國家的航廈，可省去跑不同航廈找退稅點的時間，也讓旅程比較順利圓滿地完成。

豆知識
什麼情況才要申請簽證？

免簽證係指旅遊、觀光、探親、洽商、出席會議、短期求學、參展等等活動。若赴西班牙有工作的行為（指有接受當地薪水），即使是在90天內，還是必須要到西班牙商務辦事處申請工作簽證。另外赴申根國家行程超過90天，也須事先申辦相關簽證。

簽證這裡辦

西班牙商務辦事處

 www.antortaiwan.org

✉ 104台北市民生東路三段49號10樓B1室

☎ (02)2518-4905

FAX (02)2518-4904

ℹ 簽證表格及申請須知可至網站下載（點選各國資訊→歐洲→西班牙），簽證表格須列印成A4正反兩面，或自行去西班牙商務辦事處領取

※ 資料時有異動，請以官方公布的最新資料為主

歲,則有效期限至滿30歲之前一日止)。

國際駕照

隨性旅遊的好幫手

若想悠閒地去鄉村旅遊,又有駕照的話,可以申辦國際駕照。不但可以沿路欣賞美景,也可以自行調配旅途的時間。但即使申辦國際駕照,中文的駕照也要攜帶,正本、影本各1份,因為國際駕照只是翻譯本,即使外國人看不懂中文,但中文駕照才是正本!國際駕照有效期為3年,另外要注意的是,台灣駕照自2013年7月1日起不再印有效日期,而之前發放的駕照是永久有效、逾期不需換發,但出國使用就會出現問題,建議出國前若駕照逾期還是要去換領新駕照,再申請國際駕照。

國際學生證ISIC

優惠多多但效期短

國際認可的學生證明文件,若你是學生,持有這個證明文件可以享有不少優惠,包括交通、門票、飛機票、火車等等都可能享有優惠,是省錢的好幫手。但要注意,在9月1日起辦理,使用期限到隔年的12月31日,但如果是在8月31日或之前辦理,使用期限只到當年的12月31日止。

國際青年證IYTC

未滿30歲可辦理

若不是學生,但年紀未滿30歲,則可辦理國際青年證,效用和國際學生證差不多,一樣可以為你省下不少錢喔!有效期限1年(若辦理時已滿29

青年旅館卡YHA

年齡沒有限制

使用青年旅館卡,除了住青年旅館享有折扣外,交通運輸、飲食、博物館,租車等服務最多享有85折的優惠。

貼心 小提醒

護照、照片隨身攜帶

不管辦理哪種證件,護照英文名(或護照影本)、2吋大頭照、住家英文地址最好都隨身攜帶,比較方便喔!

路上觀察 有市徽圖案的路樁

西班牙各城市的路樁都有精心設計過喔!能看到各城市的代表性圖騰,例如馬德里的就是熊和草莓樹的造型,相當可愛。

證件這裡辦

國際駕照
- ✉ 各縣市監理處
- 🕐 當天申請，當天拿到
- 💲 新台幣250元
- ℹ 所需文件：護照、駕照、身分證、2吋照片2張；若有交通違規罰款案件沒處理，無法申辦國際駕照

國際學生證
- ✉ 康文基金會
- 💲 新台幣400元
- ℹ 所需文件：申請表格、2吋照片1張、學生證正反面影本或國內外入學通知單影本

國際青年證
- ✉ 康文基金會
- 💲 新台幣400元
- ℹ 所需文件：申請表格、2吋照片1張、身分證正反面影本

青年旅館卡
- ✉ 中華民國國際青年之家協會
- http www.yh.org.tw
- 💲 新台幣600元
- ℹ 所需文件：填寫申請表格即可

康文基金會
- http www.travel934.org.tw

台北總公司
- ✉ 台北市忠孝東路四段142號5樓505室（捷運忠孝敦化站5號出口）
- ☎ (02)8773-1333

台中辦事處
- ✉ 台中市台灣大道二段285號7樓之2（環宇實業大樓）
- ☎ (04)2322-7528

高雄辦事處
- ✉ 高雄市前金區中華四路282號3樓
- ☎ (07)215-8999

※ 資料時有異動，請以官方公布的最新資料為主

路上觀察 馬德里街道路牌

　　馬德里舊市區內，每條街的街道標示，都是用馬賽克磁磚拼製而成，譬如用名人命名，路牌上就會有名人的畫像；若為草莓街，就會有一籃草莓。所以在馬德里市內觀光的時候，可以看看每條街的路牌，猜猜看是什麼意思喔！

行家祕技 看懂西班牙地址

　　在觀看西班牙的地址時，有時會出現特別的符號，在這邊教大家怎麼看地址喔！

Plaza(廣場)的縮寫，若為C/ 則表示Calle(街)

Pza Santa Cruz Nº6-3º

街道名　　　　6號3樓

28012 Madrid

城市名

郵遞區號，前2碼為區域號碼

要先做功課的

住宿、匯兌、行李打包

行前準備

住宿預定

確定好行程，盡量事先在網路上預訂好住宿，以免到時找不到旅館。網路預訂的好處是有時候會有折扣，先安排好住宿也比較安心，建議盡量選擇能免費取消的房型。而在台灣預訂，還有中文網站可以參考，資訊會更爲清楚。若是行程尚無法確定，至少要先訂好剛到前幾天的旅館，之後可以在觀光的過程中慢慢尋找。遇到要更動行程時，要注意一下網站上的退訂房規定，譬如至少要在幾天前退訂，而這樣的過程可能會從中收取一些手續費，所以在行程規畫時就要先確定好，避免因常常更動而損失了不必要的金錢。

路上觀察 西班牙的1樓是台灣的2樓

西班牙的樓層(Planta)和台灣不一樣，台灣的1樓，在西班牙為0樓(Planta 0)，或稱作「平面層」(Planta Baja)；而西班牙所謂的1樓(Planta 1 / Primera Planta)，就是台灣的2樓了、Planta 2就是台灣的3樓，以此類推。所以在看地址時，記得要把樓層往上多加一層，才不會走錯喔！

貨幣匯兌

部分現金兌歐元，出國不怕沒錢用

出國旅遊，當地的錢幣是一定要準備好的，但是一次把旅程要用的金錢全部換成現金帶去，不免讓人不放心，且旅途中總要掛心著身上的錢要藏在哪裡，萬一被偷被搶要怎麼辦等等問題。建議使用提款卡及信用卡，當然，兌換一部分的現金是絕對必要的，避免剛到西班牙人生地不熟，又找不到地方提款，所以身上隨時都要有一些現金備用喔！

辦理跨國提款，隨提隨用超方便

只要看到提款機旁邊有著plus、cirrus等標誌的貼紙，就表示這個提款機是可以跨國提款的，甚至也可以使用信用卡預借現金。

出國前，先向銀行開通跨國提款功

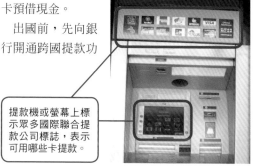

提款機或螢幕上標示眾多國際聯合提款公司標誌，表示可用哪些卡提款。

能，並且要詢問清楚密碼，在西班牙提款的密碼是4碼，而非台灣晶片卡的6～12碼，所以一定要先跟銀行詢問清楚。另外，每次提款都會收取單次手續費或服務費，建議一次領多一些，才不會一直被收取手續費。另也建議準備2張提款卡，分開收在不同地方，避免因遺失而無法提款。

攜帶2張信用卡，不怕商家拒收

出國時，信用卡算是最方便消費的一種方式，大部分的商家、餐廳、旅館都可以使用信用卡來付費，一般Master Card和Visa卡普遍都被接受，建議出國時最好攜帶兩張卡，萬一其中一張卡不能使用，還有另一張卡可以備用。而扣款會以刷卡當天的匯率換算成台幣，也要注意一下自己的額度，避免回到台灣收到帳單後叫苦連天。

另外，也可以在出國前向銀行申請預借現金的功能，請銀行告知密碼。在西班牙各提款機標示有Master Card和Visa等信用卡標誌的地方，都可以直接提領現金，但是利息很高，不太划算。

貼心 小提醒

刷卡消費時，彩色護照影本隨身帶

為了防範卡片盜刷，在刷卡時，許多商家會要求出示身分證明，所以護照影本也要隨身攜帶(最好是彩色)，不然有些商家是不會讓你刷卡的喔！

行家祕技 好用的VISA簽帳金融卡

現在台灣不少銀行推出Visa簽帳金融卡，同一張卡片既可以提款也可刷卡，非常方便，優點是這種卡片的信用卡功能所刷的費用是直接從帳戶中扣款，方便隨時注意自己的使用狀況，不至於透支。

黃色鍵：清除
紅色鍵：取消　操作鍵盤
綠色鍵：確定

進入當地銀行

有些銀行在進了大門之後，會發現有兩個旋轉門，是類似機場檢查行李的X光門，主要是為了避免有人攜帶危險物品入內。這時找到寫著「Entrada」的門(通常是右邊的門)，按下右手邊的按鈕，門才會打開；進入檢查無誤後，後門會關上，然後前面的門才會打開讓你進入銀行。若發現進去之後前後門都沒有動靜，但卻聽到廣播聲的話，表示攜帶了可疑的物品，這時請先退出，將包包或一些金屬物品如鑰匙、刀片等等寄放在外面的置物箱中，再進入銀行。辦完事情後，出來的步驟與先前相同，找到「Salida」的門，再按下按鈕即可。**請注意**每一次只能有一個人進入。

Entrada 表示入口

按鈕後才會開門

提款機解析

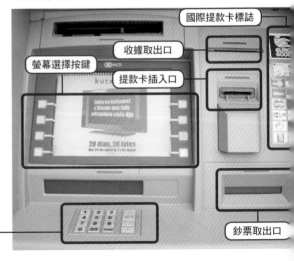

國際提款卡標誌

收據取出口

螢幕選擇按鍵

提款卡插入口

操作鍵盤

鈔票取出口

提款機提款步驟

Step 1 找提款機

西班牙大部分的銀行都可以提款，只要找到提款機螢幕上有顯示自己提款卡上的標誌，就表示可以在此提款。

Step 2 插入提款卡

依卡片上的箭頭指示，正面朝上將卡片插入。

卡片正面朝上

Step 3 選擇語言

不懂西班牙文沒關係，可以直接選擇英文（English）鍵。

英文頁面按這裡

Step 4 輸入密碼

輸入金融卡密碼，完成後按下綠色的確定鍵（記得在出國前要先向發卡銀行申請跨國提款密碼，並確認是否已經開啟國際提款的功能）。

輸入密碼後按確認鍵

Step 5 選擇提款功能

選擇提款功能鍵「Cash Withdrawl」。

提款功能按這裡

Step 6 選擇提款金額

若螢幕上已經有顯示提款金額選項，可直接點選，若無想要的金額，則選取「Others」，再自鍵盤輸入金額後，按下確定鍵。

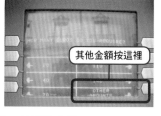

其他金額按這裡

Step 7 選擇是否進行下一筆交易

提款完若要繼續進行下一筆交易，按下「Yes」，若無則按下「No」。

結束交易按這裡

繼續交易按這裡

Step 8 取回提款卡、現金及收據

先取出提款卡，再取出收據和現金。通常都會直接列印收據，若螢幕顯示「Do you want to get receipt」，需要的話請按「Yes」。

行李打包

託運行李

一般航空公司限制爲20公斤，視航空公司規定而異，盡量不要超重，一方面自己拿不動，另一方面超重被查到的話，罰款金額可是很高的。託運行李主要攜帶衣服、生活用品、充電器等等，衣物部分可以帶一些較舊的衣服，或是免洗內衣或免洗褲、襪等，旅行途中可以隨穿隨丟，以減輕行李的重量，而旅行的戰利品隨後即可裝進行李箱。行李箱除了記得要上鎖之外，最好掛上行李牌，標明自己的姓名和台灣的地址(以英文標示爲佳)，另外也可以在把手上加條絲巾或是其他容易辨識的標誌，避免提領行李時搞錯。

隨身行李

可以選用登機箱或是較大的背包，背包的好處是在旅行時可以使用，而大行李箱可以寄放在飯店，只要攜帶背包出去旅遊即可。隨身行李中可以放一些簡單的保養品，在長途飛行時可以隨時提供保養(但液體要注意規定)；最好放一套衣物，以免萬一託運的行李沒有隨著班機抵達，還有衣物可供替換。

貼心 小提醒

洋蔥式穿法，減輕行李重量

衣物準備部分，盡量攜帶「洋蔥式」服裝，亦即每件都不要太厚，並且方便穿脫。可以視天氣狀況調整，冬天的氣溫雖然很低，但室內很可能會開暖氣，所以如果只穿一件過厚的衣服就不方便了，多準備幾件薄厚適中的衣服，冷的時候可以全都穿上去，熱的時候也方便脫下和拿取，這樣不僅不用帶過多的衣服，也達到保暖的功效，是比較聰明的作法喔！

另外，準備一個斜肩的小包包，放置護照、機票等貴重物品，並請注意要隨身攜帶。

隨身行李規定

■ 隨身行李限制在56×45×25公分以內，貴重或易碎物品不包含在內，但Check-in時必須跟櫃檯說明，請櫃檯小姐提供標示黏貼在行李上。

■ 旅客可攜帶的液體或膠狀物品(如牙膏、香水、髮膠、保養乳液等)，必須爲在機場安全區內購買之液體或膠狀物品(即通關檢查過後的商店)。

■ 購買之液體或膠狀物品須用透明塑膠袋包裝妥當，並且要有文件註明購買地點，購買的日期須與搭乘班機同日。

■ 旅客自用的液體或膠狀物品，單項不得超過100ml，須用透明塑膠袋包裝並且標示清楚。

■ 其他藥用物品或嬰兒食品須註明其必要性。

■ 手機、相機、筆電等的備用鋰電池及行動電源，須放在隨身行李中，最好再用小塑膠套或保鮮膜包起來，避免鋰電池短路起火影響飛行安全。

應用西班牙語 ABC

應用單字	實用會話
Hola／哈囉	¿Cómo estás? ／¿Qué tal? 你好嗎？
Adiós／再見	
Por favor／請	Estoy bien, í Gracias! 我很好，謝謝
Gracias／謝謝	
De nada／不客氣	Encantado(男)／Encantada(女) 很高興(認識你)
Perdón／對不起	
Permiso／借過	¡Hasta mañana! ／明天見
Buenos días／日安	¡Hasta luego! ／再見(待會見)
Buenas tardes／午安	¿Hablas Inglés? 你會說英文嗎？
Buenas noches／晚安	
Sí／是	No hablo español. 我不會講西班牙文
No／不是	
Señor／先生	¿Qué hora es? 現在幾點？
Señora／女士	
Señorita／小姐	

行李檢查表

物品	說明
證件財物	
護照	有效期6個月以上，護照有效期限須比預計返國日期多出3個月以上。
簽證(符合免簽條件則免)	確認姓名及護照號碼無誤，起迄時間是否正確，記得影印備份。
機票	記得影印兩份影本，一份放在家裡，另一份與正本分開攜帶出國，萬一需要補辦才方便。
信用卡	最好攜帶兩張，要記住卡號和有效期限。
提款卡	要先與銀行確認是否可在國外提款，以及提款密碼為何。
現金	分開放置，不要全部集中在同一個包包裡。
國際駕照	有需要者須先行在台灣辦好國際駕照。
國際學生證・國際青年證・青年旅館卡	出國前可先辦理，可享不少優惠。
平安保險	若有辦理保險，記得看清楚保險內容，遇到緊急狀況時才知道須保留哪些單據以申請保險。
護照、簽證等資料影本	影印兩份，一份留給家人，一份攜帶至西班牙。護照可以影印一份彩色的隨身攜帶。
2吋照片	攜帶幾張以備不時之需，若須申請補發證照也可使用。
零錢包	出門攜帶小錢包即可，不會用到的東西就毋須帶出門。
日常用品	
沐浴精、洗髮精	攜帶旅行組即可，若旅遊時間較長，可攜帶小瓶，或至當地超市購買。須放在託運行李中。
毛巾(浴巾)	旅社不一定會提供，最好自己準備一條。
牙刷、牙膏	可以攜帶旅行用小包裝，放在託運行李箱中。
化妝品、保養品	若有液體，用小瓶裝好貼上標籤，放置託運大行李箱。
個人藥物	攜帶個人所需藥品。
吹風機、刮鬍刀	旅館不一定會提供，可以自行準備，但要注意電壓問題。
洗衣粉	帶小包裝即可，也可至當地購買。
小背包	出外觀光時可以使用。
衣物、褲、裙	看季節準備，但早晚溫差大，所以即使是夏季也不要忘記帶件薄外套。
內衣褲	可以攜帶免洗褲或較舊的內衣褲，穿完即丟。
禦寒衣物	夏季帶薄外套，冬季要準備大衣及圍巾。
正式衣物	看表演或上高級餐廳時穿。
帽子、太陽眼鏡	夏季陽光炙熱，戴上帽子或太陽眼鏡可防曬。
防曬乳液	夏季一定要擦防曬乳液。
筆	隨時有需要記錄或寫信時可以用。
通訊錄	可以寫明信片或寄東西給朋友。
記事本	記錄自己旅遊的行程、心情等等。
字典	以可以隨身攜帶型最為重要，若找不到西中小字典的話，可以考慮買「西英」字典。
旅行資訊、參考資料、地圖	參考的資料及書籍，最好附上地圖及地鐵圖。
針線包、鬧鐘、指甲刀	以備不時之需。
雨具	看季節攜帶，以備不時之需。
轉換插頭、變壓器、延長線	檢查有哪些電器用品需要變壓器，另外可攜帶一條台灣插座的延長線和一個轉接插頭即可。
電湯匙、鋼杯	視個人需要，冬天時可以煮熱水和泡麵。
照相機、電池、記憶卡	注意自己的相機記憶卡容量、電池該如何充電等。
手機、充電器、行動電源	手機辦理國際漫遊服務，記得關閉語音信箱。國際電話卡撥打電話較為省錢。
緊急聯絡電話	遇到狀況時隨時可以聯絡。
個人備註	

製表／李容菜

機場篇
Airport

抵達機場後，如何順利入出境？

從出發、轉機到抵達，每一關都有清楚的步驟指示，順著本篇提示，通關絕對暢行無阻。抵達西班牙後更有交通連接方式，帶你順利到市區，展開理想行程。

辦理入出境手續

到西班牙免簽，但護照跟機票別忘了

西班牙最主要的國際機場有兩個，分別為馬德里的巴拉哈斯機場(Barajas)及巴塞隆納的埃爾普拉特機場(El Prat)，一般長程國際航線都會從這兩個機場進出。而目前台西之間並沒有直飛的航班，必須經過轉機的步驟。西班牙各機場官方網站：www.aena.es

台灣出境步驟

Step 1 機場櫃檯報到
劃位、領取登機證、託運行李

大約2小時前抵達國際機場，找到航空公司的櫃檯，並尋找要搭乘班機的劃位櫃檯，在此出示機票和護照，領取登機證以及託運行李。一般櫃檯地勤人員會盡力把所有航段的機位劃好，託運行李也會掛到最後一個機場。但有時仍會遇到有些航段是無法從台灣這邊劃位的，所以在領取登機證時，要注意一下有幾張，以及在哪個轉機點要重新去櫃檯Check-in。另外，櫃檯人員會將行李託運編號貼在機票上，要保存到最後(切記！一定要留到最後)，萬一行李遺失，才可以循編號找回行李。

找到航空公司櫃檯

Step 2 前往出境處
查驗護照、檢查隨身行李

報到完成後，拿著護照和登機證至出境層，海關人員會在此查驗護照，並蓋上出境章。出境後，會遇到隨身行李X光檢查站，手機、手錶等電子或金屬物品最好拿下放在籃子裡，讓海關人員檢查隨身行李(手機請關機，避免當機)。

準備好護照及登機證

Step 3 前往登機門

登機證上會標示在哪個登機門登機，找到之後要核對一下班機號碼喔！前往登機門途中若時間充裕，也可以先逛逛機場內的免稅商店。

找到登機門並確認班機資訊

Step 4 登機

開始登機時，會廣播請頭等艙旅客先行登機，也可能按照座位排登機，等到自己可以登機的時候，只要拿著登機證排隊就可以了。

依地勤人員指示登機

登機證解析

1 乘客姓名
2 出發地及目的地城市機場
3 航空公司
4 航班編號
5 出發日期
6 登機門位置
7 登機時間
8 座位編號

Step 2 找到登機門

機場內部都會設有電子看板，依著電子看板上的資訊找到登機門即可。即使在台灣拿到的登機證上已經標示了登機門，到當地時最好還是再次確認一下，以免登機門臨時有異動而錯過了班機。

查看接續航班的資訊

Step 3 檢查隨身行李

轉機前會再次通過一個隨身行李的檢查站。

Step 4 登機

進入登機門候機，登機時要出示護照及登機證。

貼心 小提醒

如無登機證須再次報到劃位

注意！若即將搭乘的航段還沒有拿到登機證，轉機時須先至轉機的劃位櫃檯Check-in，一樣尋找該航空公司的櫃檯即可。

中途轉機步驟

Step 1 沿著轉機指標走

下飛機後，沿著「Transfer / Transit」的指標走，並找到「Transfer to International」指標。若需在上海機場轉機，要記得攜帶台胞證。

轉機看這裡

西班牙入境步驟

Step ① 入境海關檢查護照

選擇非歐盟會員國民入口排隊（Restos de Nacionalidades / Other Nationalities或是No miembro de UE），記得等候時要站在等待線後方，待前面一位旅客離去之後，才上前出示護照和繳交入境卡。檢察官員會在此檢查護照及簽證，有時會以英文問一些簡單的問題，譬如：旅遊目的、職業、旅遊天數等等，若沒有問題會在護照上蓋上入境章。

先準備好護照

Step ② 提領行李

在行李提領區找到飛機班次的看板，在此等候行李。

提領行李看這裡

Step ③ 入境西班牙

入境時會抽檢行李，若有需要申報的東西記得要主動申報（紅色門——Objetos a declarar / Goods to declare），若無則可以直接通過（綠色門——Nada que declarar / Nothing to declare）。若有必須申報的物品而沒有申報，被抽檢到是要罰款的喔！

要申報走這裡　　　　不用申報走這裡

貼心 小提醒

行李沒有到，持編號請櫃檯處理

若是託運行李沒有隨著自己的班機抵達，可能是因為先前轉機銜接時間不夠而來不及將行李送上飛機，請沿著「Equipajes Extraviados」指標到遺失行李的櫃檯，出示登機證上黏貼的行李編號，請櫃檯人員幫忙處理。通常行李會隨著下一班機抵達，而機場會直接將行李送至住宿的旅館。

機場篇

西班牙出境步驟

Step 1 抵達出境樓層

　　不管搭乘什麼樣的交通工具，到達機場時，沿著離境指標（Salida），找到要去的航廈（Terminal）的出境層。

Step 2 查看航班資訊

　　電子看板上會標出班機的劃位櫃檯和登機門，依編號找到劃位櫃檯辦理Check-in和行李託運。如果自己的班機未顯示在電子看板上，表示應該是在別的航廈，可向旁邊的Información櫃檯詢問，不過一般在一開始購買機票時，就會列出在哪一個航廈，出發前先查好就可以囉！

▲ 有任何需求或疑問，找Aena標示或服務處(Información)

看懂航班資訊

若找不到航班，請聯絡服務處

起飛時間	班機編號	目的地	航廈	劃位櫃檯
Hora	**Vuelo**	**Destino**	**Ter.**	**Mostradores**
19:00	VLG 1034	BARCELONA	T4	760 - 763
19:10	IBE 8326	SAN SEBASTIAN	T4	810 - 819
19:25	IBE 8532	PAMPLONA	T4	810 - 819
19:30	IBE 1930	BARCELONA	T4	Pte. Aereo / A. Suttle
19:30	IBE 2744	BARCELONA	T4	810 - 819

Step ❸ 辦理退稅

退稅須在劃位和託運行李前，先持護照至退稅窗口或自動退稅（DIVA）辦理。海關可能會當場抽查退稅物品，若缺件就無法退稅！成功退稅後，再去劃位、託運行李（退稅相關資訊請見P.120）。

▲馬德里退稅處：各航廈都有退稅處，T4退稅處在出境檢查處旁，寫著Devolución de IVA就是退稅蓋章處

▲自動退稅請往這裡走

Step ❹ 劃位及託運行李

持機票及護照到櫃檯辦理劃位及託運行李的手續，託運行李不得超過20公斤，隨身行李中不可攜帶超過規定的液體（見「行前準備篇」P.40）。若有須退稅的物品在託運行李中，必須先跟櫃檯人員說明要辦退稅（Tax Refund），待櫃檯人員貼好行李條之後，將行李拉至退稅窗口。

前往劃位櫃檯

辦理 Check-in 手續

Step ❺ 出境海關檢查

先依指標找到登機區的離境檢查處，出示登機證，會在此檢查隨身行李。若搭乘自西班牙直接離開申根國家的班機，則會一併在此處檢查護照並蓋上出境日期章，即完成出境手續。

▲馬德里機場很大，若從T4S(T4衛星航廈)出入境，需搭電車從T4到T4S，全程約3分鐘

Step ❻ 登機

登機證上都有標示登機門和登機時間，但在候機過程仍然要隨時注意電子看板，以免臨時更改登機門而錯過班機。

依指標前往登機

機場篇

馬德里機場

可搭地鐵、機場快捷巴士或計程車

從馬德里巴拉哈斯機場(代號MAD)往返市區,有3種交通工具可以選擇,搭乘地鐵或公車是較為省錢的方式,但到市區皆必須轉乘,且市區內的地鐵線大多沒有電梯,有些地鐵站可能連手扶梯都沒有,搭乘前最好先考慮一下搬運行李的問題。計程車則較為方便和快速,價格自然也高出許多。

巴拉哈斯機場
Aeropuerto Adolfo Suárez Madrid-Barajas

搭地鐵往返市區

8號線地鐵(Nuevo Ministerio→Aeropuerto Barajas)連結巴拉哈斯機場第2航廈(T2)與第4航廈(T4),至市區須再轉乘其他地鐵。從機場至市區最好先在地鐵站服務台索取一份地鐵圖(Plano de Metro),或下載圖片、Metro Madrid APP至手機,確定自己的搭乘路線和轉乘點。而因市區內地鐵站通常都沒有電梯,須自行搬運行李上下樓梯,若行李過大或過重,最好先考慮一下是否要搭乘地鐵。

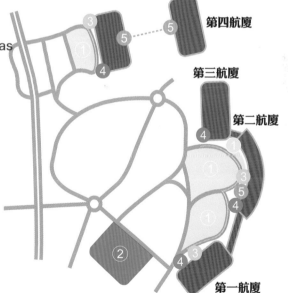

第四航廈

第三航廈

第二航廈

第一航廈

1 暫停區
2 停車場
3 公車站
4 計程車招呼站
5 航廈間接駁巴士

▲ 搭乘地鐵方向的指示標誌

▲ 8號地鐵線

從機場到地鐵站

T1～T3／T4航廈→通往地鐵的指標→抵達地鐵站

在T1～T3航廈入境時，出口即可看到通往地鐵的指標，沿著指標走可抵達地鐵站。

▲ T1～T3／T4航廈之間也有接駁巴士可搭乘

從機場往返市區交通建議

機場←→8號線至Nuevos Ministerios站←→10號線至Tribunal站←→1號線 (太陽門、阿托查火車站皆在1號地鐵沿線)

兩個轉乘站皆有電扶梯或電梯，搬運行李較為方便，只有市區上下站須搬行李上下樓梯。搭乘時間約35分鐘。

▲ 8號線地鐵機場站 (圖片提供／廖心瑜)

地鐵搭乘資訊看板

起迄	票價(歐元)	車程	營運時間／班次
地鐵8號線←→ T1、T2、T3／T4航廈	單次€5(可直接購買來往機場線的單程車票，若配合其他票券使用則需另外購買€1的機場附加票券)	須轉乘其他地鐵至市區約35～45分鐘	早上06:00～凌晨01:30約每3～4分鐘一班

※ 資料時有異動，請以官方公布的最新資料為主

行家祕技　如何使用機場附加票券

■ **機場至市區**：在機場購票不需要擔心附加票券的問題，因為在機場購票機所購買的車票已經包含了附加的€3，若已有馬德里的Metrobus 10次券，可以直接拿至購票窗口加值(一張Metrobus 10次券可以多人使用，加值時可直接跟購票窗口說使用人數，進站後再將票券遞給未進站的同伴即可)。

■ **市區至機場**：可以直接購買單程的機場票(€5)，進出站各刷一次。若已有Metrobus 10次券，需再購買機場附加票€3，進站時刷一般地鐵票，出站時刷機場附加票券。

Steps　附加票券購買步驟

1. 選有飛機圖案的 ➡ 2. 機場附加票券 ➡ 3. 選擇票券種類 ➡ 4. 確認價格後投幣

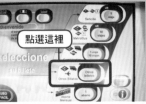

點選這裡

點選這裡

單程票+機場附加票€5
單程跨區組合票+機場附加票€6
機場附加票€3

搭計程車往返市區

往返機場的計程車價格和市區內計程車不一樣，自成一個費率。分別有從機場出發、去機場、叫車等等方案。比其他往返機場的方式都來的貴，比較適合有幾個同伴一起分擔。

搭快捷巴士往返市區

以前自由行旅客，大多拖著行李從機場轉乘地鐵到市區，但馬德里的地鐵站不是每個都有電梯，有些出入口甚至連手扶梯都沒有，再加上從市區至機場至少需轉乘2次左右，往往會搬得滿頭大汗狼狽不已。

2012年開始，新增馬德里機場快捷巴士（Bus Exprés Aeropuerto Madrid），直接往返馬德里阿托查火車站與機場，讓旅客方便許多。雖然到了阿托查火車站後還是需要拖著行李行走一段上坡到市中心，或是再轉乘地鐵，但這班巴士已經幫助旅客省去非常多的不便，是最推薦的移動方式。

要注意的是，晚間23:00到清晨06:00之間，巴士只往返西貝萊斯廣場（Plaza de Cibeles）和機場之間，這個時間的公車都是從西貝萊斯廣場發車（可參照P.79）。

▲ 往機場的巴士可以從Puerta de Atocha站或西貝萊斯廣場(郵局前)搭乘

貼心 小提醒

隨時補電！

馬德里的地鐵現在也有提供USB充電槽。

機場計程車搭乘資訊看板

起迄	起跳價	每公里價格	超過1小時加價	備註
機場→市區	€20(10公里內)	€1.05	€20.05	全年24小時適用，但不適用於叫車
市區→機場	跳表價＋€5.50		€20.05	跳表價格請參照P.80馬德里計程車計費表
叫車往返機場	€30			叫車往返機場費用固定，但司機若到而乘客未出現，等待時間將跳表計費。全年24小時適用

機場快捷巴士搭乘資訊看板

起迄	票價	車程	營運時間／班次
機場⟷阿托查火車站 (夜間：西貝萊斯廣場Plaza de Cibeles)	€5	約40分鐘	06:00～23:00，每13～20分鐘一班 23:00～06:00(西貝萊斯廣場⟷機場)每35分鐘一班

※ 資料時有異動，請以官方公布的最新資料為主

巴塞隆納機場

可搭近郊火車、地鐵、快捷巴士或計程車

巴塞隆納埃爾普拉特機場(代號為BCN),多簡稱為巴塞隆納機場。從機場前往市區的方式很多,也都很方便,其中,最舒服的方式絕對是搭機場快捷巴士到市區。

埃爾普拉特機場
Aeropuerto de Barcelona El Prat

搭近郊火車往返市區

穿過T2A、B航廈之間的天橋,即可抵達近郊火車站,每隔30分鐘便會有一班R2線近郊火車開往市區。若欲至加泰隆尼亞廣場,須再轉搭地鐵或其他近郊火車,班次很多,非常方便。車票可至近郊火車售票機,或至人工售票處購買。

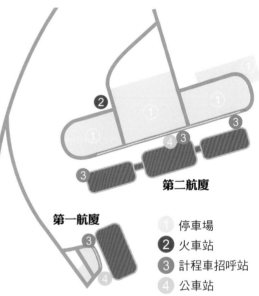

第一航廈

第二航廈

1 停車場
2 火車站
3 計程車招呼站
4 公車站

從機場到火車站

機場T2A、B航廈外→登上電扶梯→沿著走道行走→抵達近郊火車的月台

在機場A、B航廈間的外面,有一個電扶梯,標示著西班牙國鐵「Renfe」的符號,登上電扶梯後沿著走道行走,即可抵達近郊火車的月台。

Renfe 標誌

▲ 快速往返機場及市區的近郊火車

從火車站到機場

看板尋找資訊→找到月台→刷票進入閘口，搭乘火車

在Sants Estació火車站的近郊火車看板上，尋找前往機場（Aeropuerto）的資訊，通常此班近郊火車都是從Estacío de França出發，經過Prat，終站為機場。找到月台後，月台入口會有一面電視螢幕，顯示下一班火車的時間和目的地，往機場的班車通常在第5或第6月台。自售票機購買一張單程的近郊火車，或使用未用完的巴塞隆納交通券，刷票進入閘口搭乘火車。

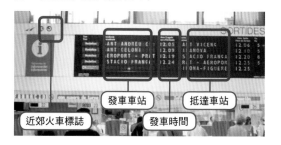

近郊火車標誌　｜　發車車站　｜　發車時間　｜　抵達車站

從加泰隆尼亞廣場到機場

加泰隆尼亞站→搭乘近郊火車→抵達Sants Estació火車站→出站→搭往機場的火車

從加泰隆尼亞站，搭乘任何一班往車站方向的近郊火車，都可以抵達Sants Estació火車站，抵達後須先出站，再依循上述自火車站到機場方式，尋找往機場的火車月台搭乘。

搭地鐵L9線往返市區

2016年新增L9線南段路線，通往El Prat機場。從機場搭乘L3線至Zona Universitaria後再轉乘至市區，票價為€4.5。

搭快捷巴士往返市區

最推薦！每個航廈外面皆有A1、A2機場巴士停靠站；A1往返T1航廈，A2則是往返T2航廈，專門接送旅客往返機場和加泰隆尼亞廣場。班次很多，且車上有可以置放大型行李的位置，車廂也很寬敞，既舒適又方便。

搭計程車往返市區

跳錶計費，並且需要另外加收機場排班費用。每個航廈出口都有Taxi排班，開到市區大約30分鐘，價格約€30，好處是可以很方便地直接搭到旅館，省下拖著行李搭車的麻煩。

近郊火車搭乘資訊看板

起迄	票價(歐元)	車程	營運時間／班次
機場⟷ Sants Estació火車站	單次€4.20(可使用巴塞隆納交通票券，較為省錢)	約20分鐘	每30分鐘一班 自車站發車：05:25～22:55 自機場發車：06:00～23:44

機場快捷巴士搭乘資訊看板 機場巴士網站：www.aerobusbcn.com

起迄	票價(歐元)	車程	營運時間／班次
機場⟷加泰隆尼雅廣場 (Plaça Catalunya)	單次€5.90，來回€10.20(來回需在15天內用完)，直接上車購買	約35分鐘	往返T1：每5～10分鐘一班 往返T2：每10～20分鐘一班 自廣場發車：05:30～00:30 自機場發車：06:00～01:05

※ 資料時有異動，請以官方公布的最新資料為主

交通篇
Transportation

暢遊西班牙，該搭什麼交通工具？

旅遊西班牙，不可不認識交通工具，其優缺點、搭乘方式與相關優惠都與行程
花費大大有關，如何省錢、買票、怎麼搭乘等等，本篇都有詳細解說。

火車

長程火車、近郊火車、地方火車、高速鐵路

西班牙國家鐵路局稱為「Renfe」，聯繫著全西班牙的交通，在西班牙境內旅遊，搭乘火車幾乎皆可抵達各個城市。西班牙火車依速度大致分為下列幾種：

長程火車 Larga distancia

可開往歐洲其他國家

如Talgo、Arco等，銜接長途的旅程，主要是連接相距400公里以上的城市，Talgo除了西班牙本土之外，還有列車開到歐洲其他城市。而夜車如Trenhotel、Estrella也隸屬其中，車上設有臥鋪，一般都是晚上7點以後發車，到達目的地時間為隔天的上午，價格並不會偏高，但要加上臥鋪的價錢。若要轉換到較遠的城市，搭乘夜車可幫你省下一個晚上的住宿費，也是很划得來的喔！

地方火車 Regional / Express

可攜腳踏車隨行

分為Regional（區域）Express（快捷）兩種，各地會有不同的名稱，譬如安達魯西亞就有當地的Andalucía Express，通常不需要劃位，有些車廂甚至可以攜帶腳踏車，方便你到其他城市也可以騎乘腳踏車。住在郊區的西班牙人甚至每天通勤，搭乘Regional火車到城市上班。

下車時要按綠色鈕開門

西班牙高速鐵路 AVE

服務最好最快速

AVE是西班牙最快速且服務最好的火車，車上有播放電影、可以聽音樂之外，也有餐車可供休憩，喝杯咖啡休息。每人座位前都有桌子可供閱讀，搭乘頭等艙和AVE Club艙更有服務小姐來服務，等級分為商務車廂（Preferente，63個座位）、標準車廂（Turista，236個座位）。

交通篇

西班牙4大城市主要火車站交通

	馬德里 Puerta Atocha	巴塞隆納 Sants Estació	塞維亞 Santa Justa	瓦倫西亞 Joaquin Sorolla
銜接交通	地鐵：1號線，Atocha Renfe站／近郊火車：馬德里所有近郊火車／公車：24、36、41、47、51、55等	地鐵：3號線、5號線，Sants Estació站／近郊火車：巴塞隆納所有近郊火車／公車：32、78、109等	公車：32、C1、 C2號	地鐵：7號線，Bailen 站、1、2、7號線Jesús 站／公車：9、10、27號
周邊環境	鄰近普拉多美術館、蘇菲亞皇后美術館、提森美術館、雷提諾公園等	鄰近西班牙廣場、米羅公園等	步行10分鐘可至市中心外圍	主要車站與Estación de Norte北方車站相近，勿搞錯車站
至市中心的方式	地點：太陽門(Puerta de Sol)／搭乘地鐵1號線至Sol站；或步行可至約15~20分鐘	地點：加泰隆尼亞廣場(Plaça Catalunya)／搭乘地鐵L3線、或搭乘近郊火車1、3、4、7號皆可抵達。	公車32號可搭至plz. Encarnación(蛇街附近)；公車C2搭至Menéndez Pelayo，可以抵達Santa Cruz區	步行20分鐘即可抵達市中心，或搭乘地鐵至Xàvita站
與其他城市距離	巴塞隆納：約4.5小時 塞維亞：約2.5小時(AVE)	瓦倫西亞：約3小時 Zaragoza：約3小時	加的斯：約2小時 馬拉加：約2.5小時 格拉納達：約3小時	巴塞隆納：約3小時 馬德里：約2小時

行家祕技 如何分辨車廂等級

　　長途火車分為4個等級，分別為Turista、Turista Plus、Preferente。Turista為一般常見的標準車廂，比Turista等級稍好的Turista Plus，座位會比較舒適一些，價格約多出2成。Preferente就是所謂商務車廂，有時會有附餐的服務。而Club車廂只有在某些較長程的AVE特快車才有。當然越高等級的價錢會高，建議即早計畫上網查詢票價，因為不管是那一種車廂，提早買都有機會可以買到比原價優惠很多的折扣票。(詳見P.63)

▲ Preferente為商務車廂

▲ Turista為標準車廂

▲ Llegada白色的時刻表標示到站班次及時間

行家祕技 如何從網站上查詢火車時刻

http Renfe網站：www.renfe.com

📞 客服電話：90 215 75 07(可在07:00～23:00撥打)

 Step 1 進入國家鐵路局Renfe的英文頁面，點選右邊Timetable and Prices，輸入起迄車站、日期等。

1.出發地點　3.日期　5.年度
2.目的地　4.月分　6.點選搜尋

Step 2 查看火車班次圖

1.出發地點　4.車次　7.車程時間
2.目的地　5.出發時間　8.網路購買價格
3.日期　6.抵達時間　9.車站購買價格

人工售票處購票步驟

Step 1 找到售票處

各火車站都會有一個藍色的招牌，寫著
「Venta de billetes」
表示是「售票處」
的意思。

售票處標示

Step 2 辨識售票櫃檯資訊

售票處的櫃檯上面都會有牌子顯示購票
的資訊(見右頁)，方便區分購買今日票或預先購
票的旅客，有效的區分讓趕時間的旅客不至於等
太久而買不到票。大車站櫃檯較多，也會區分的
比較細，而像馬
德里和塞維亞甚
至有特別分出購
買AVE高速鐵路
的櫃檯。

各櫃檯服務項目不同

Step 3 抽取號碼牌

預購票的櫃檯需要抽取號碼牌，其他櫃
檯視情況而定，看到自己要排隊的售票口掛牌上
有顯示號碼，就表示要抽取號碼牌，若無則直接
排隊即可。若號
碼牌區分得更
細，譬如尚有分
出「國際線」的
預售窗口，在抽
取號碼牌時就要

TURNO

按鈕取號碼牌

注意，不過不用擔心，分得太細的車站，會有一個服務人員直接站在櫃檯幫你抽號碼牌，只要跟服務人員說明你要買什麼票就可以了。

Step 4 櫃檯買票

將購票資訊告知櫃檯人員，可以參考下面的「購票小紙條範例」，事先寫好在一張紙上，直接遞給櫃檯人員。

購票小紙條範例

● Quiero comprar_____billete(s), por favor.
　我想要買_____張票，謝謝。
● □Sólo Ida 單程　□Ida y Vuelta 來回
● Clase車廂等級：
　□Preferente 頭等車廂　□Turista 經濟車廂
● Desde(從)_____a(到)_____
● Ida去程：Fecha日期_____
　　　　　Horario發車時間_____
● Vuelta回程：Fecha日期_____
　　　　　　Horario發車時間_____

行家祕技　幫你快速找到櫃檯

■ **Venta anticipada＝預先購票**：販售隔天以後的火車票，可預先購買60天以內的車票。
■ **Venta de hoy＝今日車票**：只售出當天出發的所有火車班次。
■ **Próxima salida＝即將出發的火車**：若要搭乘馬上就會出發的列車，可以在此購買。而馬德里和塞維亞可能會有專門的櫃檯，顯示「AVE Próxima Salida」，表示該櫃檯只專門販售即將出發的AVE特快車車票。
■ **Comprobante de billete＝購票證明**：專門提供已持有車票，需加蓋日期章的旅客使用，若購買西班牙火車通行證，第一次使用時，可以直接至此櫃檯蓋章。

Step 5 付款取票

可以用信用卡或現金付款，付款資訊會顯示在車票上，收據請一併妥善保管。

行家祕技　教你看懂火車票上的資訊

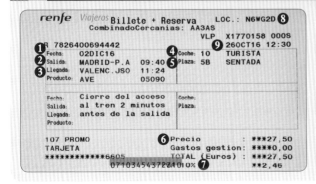

```
renfe  Viajeros Billete + Reserva    LOC.: N6WG2D ⑧
               CombinadoCercanias: AA3AS
                              VLP  X1770158 000S
①  R 7826400694442              ④         260CT16 12:30
② Fecha:   02DIC16           ④ Coche: 10   TURISTA
  Salida:  MADRID-P.A  09:40 ⑤ Plaza: 5B  SENTADA
③ Llegada: VALENC.JSO  11:24
  Producto: AVE        05090

  Fecha:   Cierre del acceso   Coche:
  Salida:  al tren 2 minutos   Plaza:
  Llegada: antes de la salida
  Producto:

107 PROMO          ⑥ Precio       : ***27,50
TARJETA              Gastos gestion: ****0,00
*************6605    TOTAL (Euros) : ***27,50
            07103454372④010⑦0%    **2,46
```

1.出發日期
2.出發地點、出發時間
3.目的地地點、抵達時間
4.車廂號碼
5.座位號碼
6.票價
7.票價已含10%增值稅
8.購票代碼，可用此號碼列印車票
9.購票日期

自動售票機購票步驟

Step 1 選擇購票服務

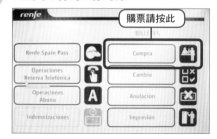

購票請按此

renfe
BILLETES

Renfe Spain Pass
Compra

Operaciones
Reserva Telefónica
Cambio

Operaciones
Abono
Anulación

Indemnizaciones
Impresión

Step 2 選取票種

單程票　　IDA

來回票　　IDA y VUELTA

Cerrar Billete de Vuelta

Step 3 選取目的地城市

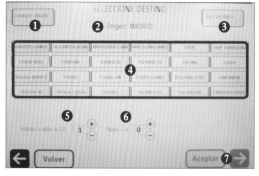

SELECCIONE DESTINO

❶ CAMBIAR ORIGEN　　❷ Origen: MADRID　　❸ MAS DESTINOS

❺ 1　　❻ 0

Volver　　Aceptar ❼

1.更改出發地點
2.出發地點：馬德里
3.更多的目的地城市
4.可選擇的目的地城市列表
5.選擇張數：成人票
　及4～13歲兒童票
6.4歲以下兒童票
7.繼續下個步驟

Step 4 選取出發日期

紫色表格為目前能購買的日期。

Diciembre 2016

			1	2	3	4
5	6	7	8	9	10	11
12	13	14	15	16	17	18
19	20	21	22	23	24	25
26	27	28	29	30	31	

Step 5 選取時段、票價及艙等

SELECCIONE TREN IDA

❶ Origen MAD-ATOCHA CERC - Destino VALENCIA JS - IDA 28 NOV 2016

| | ❷ ORIGEN | ❸ SAL | ❹ LLEG | ❺ TREN | ❻ Turista | Turista Plus | Preferente |

取消　Cancelar　　更改出發日期　Cambiar fecha de viaje

1.出發地及目的地資訊　　4.抵達時間
2.出發地點　　　　　　　5.火車班次
3.出發時間　　　　　　　6.選取艙等票價

Step 6 確認車票資料正確

SELECCIÓN DE TARIFAS

ORIGEN MADRID-P.A　　IDA 28 NOV 2016　　CLASE IDA: PREFERENTE

❶　　　❷

取消　Cancelar　　前往付款頁面　Aceptar

1.出發日期、時間、班次、價格、目的地
2.回程日期、時間、班次、價格、目的地

交通篇

Step 7 信用卡付款及取票

從售票機的信用卡插入口插入信用卡，交易成功即可取票。

Step 2 選取班次及票價

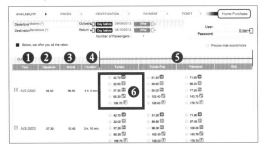

1.車次　　　3.抵達時間　　5.車廂種類
2.出發時間　4.車程時間　　6.折扣票種符號

網路購票步驟

　　若擔心買不到票，可以事先在網路上購買62天之內的火車。一般來說只能購買較長程的火車票，短程的地方火車是無法預先購票的。而西班牙國鐵針對較長途的火車，推出了一些不同種類的優惠票（參考P.63），提早上網購票比較容易撿到便宜喔！＊以下畫面擷取自西班牙鐵路網：www.renfe.es

Step 3 確認購買資料

1.車廂等級　2.價格　3.折扣票種　4.總金額

Step 1 選取起迄城市、單程、來回或多點、日期以及人數

1.來回票　　4.出發地　　7.回程日期
2.單程票　　5.目的地　　8.乘客人數
3.多點票　　6.出發日期

Step 4 確認購買資料

1.電子郵件信箱　　5.護照號碼　　9.省分
2.名字　　　　　　6.地址　　　　10.電話號碼
3.姓氏　　　　　　7.郵遞區號　　11.國家
4.證照種類，選取　8.城市　　　　12.是否願收到Renfe
　護照Passport　　　　　　　　　　電子報優惠訊息

Step 5 填入信用卡資料

打勾，同意條款內容

1.信用卡種類　**3.**卡片持有人姓名(去掉符號)
2.信用卡卡號　**4.**有效期限　**5.**信用卡背面末三碼

Step 6 記下代碼，至取票機輸入代碼取票

購買成功後，會收到一組6個英文及數字組合而成的代碼，將代碼記下且最好列印下來，到西班牙後再至取票機輸入代碼取票。或在購票成功後，填入E-mail，就可將車票寄到E-mail裡，再下載成Passbook檔案存在手機中。

購票代碼，憑此代碼取票

1.車廂號碼
2.座位

取票機 ▶

取票機取票步驟

Step 1 點選進入取票頁面

點選此選項

Step 2 點選繼續鍵進行下一步

點選此繼續

Step 3 輸入購票代碼

輸入代碼後點選此確認

Step 4 機器列印票券，取票

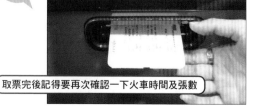

取票完後記得要再次確認一下火車時間及張數

行家祕技 優惠車票聰明選，旅途省錢好幫手

　　除了前頁的車廂分等，價格會有所不同之外，西班牙國鐵推出了非常多種的長程火車優惠方案(不包含地方性的區間車)，有些需要注意購買時程，有些是以年紀區分，有些是要用搶購的，這些折扣適用於各種等級的車廂，有時會發現商務車廂的折扣票買下來甚至比經濟車廂無折扣的車票還便宜。所以提早注意鐵路行程，尋找最適合且最省錢的票價方案，可以節省下不少旅費，非常值得喔！

票券種類	折扣	購票規定	退票規定	換票規定
Ida y Vuelta 來回票	8折	往返兩固定的點，回程須為去程時間後1年內	可單獨退其中一趟車程，收取40%票價為手續費	可單獨換其中一趟車程，無手續費，另換票價格較高時須補差額
Múltiple 多點票	8折	可購買三趟旅程，出發點與第三趟的回程目的地須相同。**購買方式：**在購票首頁選擇Multiple後，分別輸入三趟旅程的起點Origen、終點Destino和日期Fecha Salida	可單獨退其中一趟車程，收取40%票價為手續費	僅可換相同出發點與目的地的車票，無手續費
Promo 促銷票	3折	不可選位	不可退票	不可換票
Promo+ 促銷票	3.5折	無	可退票，收取30%手續費	可換票，收取20%手續費，換票價格較高時須補差額
Flexible 開放票	無折扣	原價票，僅在退換票時可使用較好的方案	可退票，僅收取5%手續費	換票不收取手續費，換票價格較高時須補差額，反之較低時退還差額
Mesa 桌位票	4折	AVE車廂中4個面對面的座位，一次買4個座位，適合家庭或團體購買。(人數未達4人也可使用，點選後須選取使用的人數)	退票收取50%手續費	不可換票

＊以下資訊時有異動，出發前請再次確認

貼心 小提醒

買來回票比較划算

　　一般來說，購買來回車票絕對會比購買兩次單程車票來的便宜，但若是不確定自己旅途回程的時間要怎麼辦？不用擔心，只要車票上有顯示「Conservése hasta el regreso」(請保留車票至回程)及「Validez de regreso 60 días」(回程有效期限60天)，則表示在60天內，持此車票票根去購買回程車票，就可以享有來回票的折扣喔！

貼心 小提醒

多準備幾張信用卡

　　上網購買西班牙國鐵票券時，偶而會遇到信用卡無法刷過的狀況，這時請換一張跨國銀行的信用卡 (如花旗、匯豐等)再試試看，成功的機率會比較大。

學會搭火車

Step 1 確認班次及月台

各火車站都有看板標示火車資訊，在進站搭乘前，要先注意火車的時間和月台。

Salidas	DEPARTURES 1			
2 Hora TIME	3 Destino DESTINATION	4 Tren TRAIN	5 Vía PLATFORM	6 Observaciones REMARKS
10:00	SEVILLA STA. JUSTA	AVE 2100	9	PLTA.PRIMER
11:00	SEVILLA STA. JUSTA	AVE 2110	2	PLTA.PRIMER
11:08	GIJON	ALV 4111		PLANTA BAJA
11:10	VALENCIA J.SOROLLA	INT 5710		PLANTA BAJA
11:20	TOLEDO	AV 8312		PLANTA BAJA
11:30	BARCELONA SANTS	AVE 3113		PLTA.PRIMER
11:35	PAMPLONA	ALV 605		PLTA.PRIMER

1.Salida／Departure＝出發
　(若為抵達車班，電子看板上會顯示Llegada)
2.Hora＝發車時間
3.Destino＝目的地
4.Tren＝列車號碼及車種
5.Vía＝月台
6.Observaciones＝備註，停靠城市

Step 2 部分車站須檢查行李

通常搭乘較長途的列車(Larga distancia)需要檢查行李，以防範恐怖攻擊，檢查方式類似在機場海關一樣，不過規定並不像搭機那麼嚴格，只要記得搭乘長途火車要加入檢查行李的時間，提早一點到。馬德里車站2樓往月台的入口前會統一檢查行李。

Step 3 前往月台

找到該班火車的月台，上車前可以查看月台上的看板，是否為自己要搭乘的班車。

1.月台編號　　2.發車時刻　　3.班次編號　　4.終點站

Step 4 確認車廂

找到經濟車廂，或是頭等車廂，觀看車廂門口上面標示的車廂號，走到自己的車廂再上車，若在別的車廂上車，要將行李拉到自己的座位，可能會很麻煩，而且造成別人的不便。

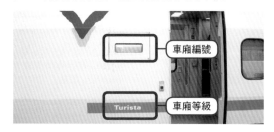

車廂編號

車廂等級

Step 5 尋找座位

依照車票上面的座位編號找到自己的座位坐下。一般長程火車都是會劃位的，若是使用在台灣購買的「西班牙國鐵券」，最好還是先行至車站櫃檯劃位，避免火車客滿。地方火車毋須劃位，直接找空位坐即可。

靠窗座位　　　　靠走道座位

Step 車長查票

除了某些火車會在發車的車站事先驗票之外，在中途的停靠站上車，或是搭乘地方火車，都會有車掌來查票，所以車掌經過時出示車票即可。一般來說，車掌會大致記得驗過票的位置，不會重複要求驗票。

西班牙火車通行證

適合長程旅途

若已規畫好完整行程，可事先在台購買歐洲的火車通行證，「歐洲火車通行證」可在歐盟國家內跨國使用，包含有歐洲28國、任選4國，或是西班牙搭配法國或義大利的雙國火車通行證，票價依據搭乘的天數和跨國的範圍而有所不同。另也有單一國家的「西班牙火車通行證」和「Renfe西班牙火車通行證」，可以依據自己的行程和需求選擇適合的票種，至西班牙國鐵網站（www.renfe.com）或到當地時再直接去火車站櫃檯劃位即可。

這些票證一般不包含訂位、餐飲、睡臥鋪費用，將在劃位時收取。而票證的價格通常分為頭等艙和二等艙，有些還另有青年優惠票（未滿26歲青年）。

使用西班牙的火車票券要注意的是，西班牙中長程的火車是不提供站位的，所以搭乘前都必須要儘早訂位，才能確保行程的順暢，另外也建議購買前先精打細算一下，較為長途的旅程再來使用這些票券，短程的移動則建議直接當地購買車票即可。

貼心 小提醒

買車票時請自行算好會旅遊的天數，因為車票是對姓名和護照的，如果有剩餘天數，並無法轉讓給其他朋友。另外，若需要退票，必須是「完全沒有使用過」，也就是沒有蓋上生效章，才可以辦理退票，而且退票不會全額退還，另外還要收取退票手續費。而車票若遺失是無法補發的，請謹慎保管。

轉讓 用過但要退票 遺失要補發

西班牙火車通行證這裡買

飛達旅行社
www.gobytrain.com.tw
台北市中山區南京東路三段168號10樓之6
(02)8161-3456 ext.2
週一～五09:00～19:00、週六10:00～18:00

※ 資料時有異動，請以官方公布的最新資料為主

西班牙火車通行證介紹表

票券種類	天數/效期	開票價格	訂位費用	臥鋪	使用方式
西班牙火車通行證 / Eurail Spain Pass	一個月內任選3/4/5/8天	€6	不含	可	第一次登上火車前，至櫃檯蓋章並由站務人員填寫護照號碼，之後每次使用填寫上日期，要注意不可塗改，中長途火車建議都需事先訂位
Renfe西班牙火車通行證	一個月內任選4/6/8/10/12段旅程	€6	包含	不可	非火車票券，單持本券無法搭車，但可憑券免費訂購包括AVE在內的中長途西班牙火車票(不包含夜車)，再列印電子車票搭乘。持證可享其他周邊優惠

※ 資料時有異動，請以官方公布的最新資料為主

近郊火車

適合短程旅途

近郊火車（Cercanías）顧名思義就是較近、較短程的火車，銜接都市和其近郊的城市。一樣是由西班牙國家鐵路局所經營，只在某些特定的省分有營運，基本上，較大的城市如馬德里、巴塞隆納及塞維亞都有，但對於遊客來說，或許比較有機會搭乘到馬德里或巴塞隆納的近郊火車。馬德里可以搭至附近的城市如Toledo，而巴塞隆納的機場線即是近郊火車。

貼心 小提醒

可上網查看近郊火車網路圖

近郊火車都有自己的車站，但通常所有近郊火車都會在該城市的主要車站交會，所以只要到主要的火車站，找到近郊火車的月台，即可搭乘。

http www.renfe.es/viajeros/cercanias

點選此處查看

購買近郊火車票步驟

Step 1 選擇票券種類

基本上只需選擇單程或來回票即可，其他選項有可能因為城市不同，而販售該城市其他交通票券。如巴塞隆納的T10交通票券適用於包含近郊火車在內的所有交通工具，所以也可在近郊火車售票機購買到。

Step 2 選擇目的地

找到並點選自己要去的目的地，基本上會以字母排序，若沒看到請點選「下一頁」來繼續尋找。

近郊火車票解析

1.有效期限
2.票價
3.車票種類(此為一般車票)
4.依箭頭方向插入打票孔

自動售票機解析

1.觸碰螢幕開始購票 / 2.投入硬幣 / 3.手機付款 / 4.感應式信用卡 / 5.信用卡付款 / 6.掃描QR碼 / 7.發票收據 / 8.鈔票投入處 / 9.取票及找零處

Step ③ 付費

　　螢幕會顯示票價，依顯示價格投入紙鈔或硬幣，或插入信用卡輸入4碼密碼付款。

Step ④ 取票及找零

　　取出車票及找零錢。

其他交通工具

公車、長途巴士、租車、計程車、廉價航空

公車

搭車方法

　　基本上，西班牙的公車皆為前門上車刷卡或買票、下車時皆由後門下車。

票價範圍

　　每個城市的票價都不太一樣，單次搭乘大約為€2上下，只要直接上車後向司機購買車票即可，通常各城市都會推出公車10次券或公車月票等，可以在菸草店（Tabaco）或書報攤買到。購票請準備零錢，或€5鈔票，司機不收大鈔哦！

辨識編號

　　基本上，公車的編號都是以數字為原則，但有兩個符號表示特定的意思。

■**C開頭的公車**：C是圓（Circulo）的意思，表示在特定範圍內，繞圈行駛。通常會有兩個方向，數字相對，譬如C1是順時針方向行駛，則C2就是反過來以逆時針方向行駛，以此類推。

■**N開頭的公車**：N表示晚上（Noche）的意思，也就是夜間公車，只有在夜間行駛。

車上服務

　　車上會有電子看板提醒乘客下一站和即將到站的站名以及該站能夠轉乘那些公車及地鐵。馬德里大部分的公車都有提供無線網路和手機充電。

長途巴士

便宜但耗時較久

　　銜接近郊、各大城市，或是一般火車沒有到的城市，都可以搭乘長途巴士抵達，比起火車和飛機便宜許多，但搭乘的時間較久，舒適度當然也較差，若為了省旅費，可以考慮搭乘。

　　西班牙各地的長途巴士公司很多，並沒有統一的網站，路線較多的公司有ALSA和AVANZA，可網路上購票，但會收手續費。最方便的方法是直接到巴士車站去詢問，而巴士公司通常也會有

自己的DM，列出巴士時刻表。若已經計畫好出發的行程，最好事先至車站購票，以免出發當天大排長龍。

　　搭乘長途巴士時，依照車票上的資訊找到月台（Vía），若是預先購票或上網購票，要注意發車車站是否有所不同。一般長途的巴士可以將大行李放在巴士側邊的行李放置區，然後持票上車，找到自己的座位坐下即可。

巴士票解析

1.起點
2.目的地
3.出發日期
4.出發時間
5.巴士編號
6.座位
7.票價
8.巴士路線

長途巴士購票、查詢看這裡

http www.alsa.es　　http www.avanza.es

長途巴士購票機使用步驟

Step 1　起始畫面

觸碰螢幕開始購票。

Step 2　選擇服務項目

1.現金付款 / 2.信用卡付款 / 3.購買車票 / 4.即將到站車次 / 5.查詢時刻表 / 6.選擇語言

Step 3　選擇往返地點

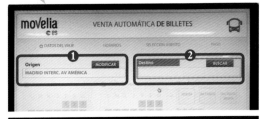

1.出發地 / 2.目的地 / 3.選擇目的地 / 4.輸入目的地

交通篇

Step 4 選擇日期、票種及票數

1.出發地 / **2.**目的地 / **3.**出發日期 / **4.**回程日期 / **5.**票種 / **6.**單程票 / **7.**來回票 / **8.**來回票(回程日期未定) / **9.**人數 / **10.**成人 / **11.**兒童 / **12.**嬰兒 / **13.**按此繼續

Step 6 選擇座位

1.已被預約的座位 / **2.**可被預約的座位 / **3.**你所選的座位 / **4.**轉車 / **5.**按此繼續

Step 5 選擇車次及票價

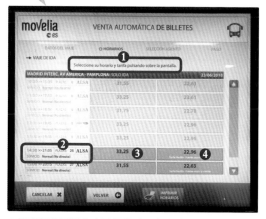

1.觸碰螢幕圈選車次及價格 / **2.**車次 / **3.**一般票價 / **4.**彈性票價,可取消或更換班次(發車2小時前)

Step 7 確認資料與金額

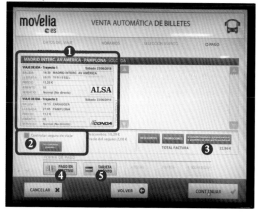

1.確認來回車次 / **2.**購買行車保險 / **3.**總金額 / **4.**現金付款 / **5.**信用卡付款

Step 8 加購保險

1.乘客資訊及保險(€1) / 2.名字 / 3.姓氏 / 4.護照號碼 / 5.不購買旅遊保險按此 / 6.欲購買旅遊保險按此

Step 9 勾選同意書

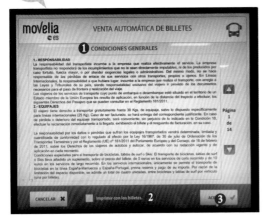

1.同意書 / 2.和車票一起列印 / 3.我同意

長途巴士APP這裡查

除了售票機和網站外，西班牙最大的兩間長途巴士ALSA和Avanza也都有各自的App，可查詢時刻表及購票，且都有英文介面。

■ALSA：Buy bus tickets iOS Android
■Avanza Largo Recorrido iOS Android

※ 資料時有異動，請以官方公布的最新資料為主

Step 10 付款及取票

1.現金付款頁面 / 2.已投入金額 / 3.剩餘金額 / 4.只收硬幣、5、10、20、50歐元鈔票 / 5.信用卡付款需輸入PIN碼 / 6.付款完成後即可取票

租車

機場入境處，和各火車站出口，都會有租車公司在此服務，所以若要租車可以直接在下火車或下飛機時去辦理租車。租車時需要攜帶國際駕照、護照及中文駕照。即使外國人看不懂中文，但中文駕照才是有效的駕照。建議出發前可以先上網站查詢一下各租車公司的方案，也可以在網站上先行預約，以免到了當地租不到車。

租車注意事項

■**車型要嬌小**：建議租小台一點的車子，西班牙很多街道都很狹窄，又是單行道，所以要去一個地方可能要繞來繞去開很久。

■**大多手排車**：歐洲車多為手排車，自排車的價格可能很高，所以建議一定要學會開手排。

■**買全險**：建議購買全險。

■**依里程數選擇計價方式**：依規畫的里程數來選擇計價方案，有些便宜的方案會限制里程。

圖片提供／王香文

交通篇

廉價航空

若要到距離較遠的城市或小島，可選擇搭乘廉價航空，西班牙有好幾家廉價航空公司，不時推出便宜機票。一般來說，時段較差的會較便宜，但也可提早注意航空公司的網站，不同時間會有不同的機票和行程優惠。

請注意：廉價航空的服務品質也隨之精簡，班機停靠的機場也不一定在該城市的主要機場，通常加一項服務就要多付費，如託運行李。另外，機上喝飲料和用餐基本上都是要付費的。

租車公司看這裡

Hertz：www.hertz.com
Europcar：www.europcar.com
Avis：www.avis.com

廉價航空購票、查詢看這裡

Iberia Express：www.iberia.com
Vueling：www.vueling.com(較便宜)
Ryanair：www.ryanair.com(較便宜)

叫計程車看這裡

馬德里
Radio Taxi Asociación Greminal：91 447 51 80
Radio Taxi Independiente：91 405 12 13
Euro Taxi：91 547 85 00
Tele-Taxi：913 712 131

巴塞隆納
Radio Taxi 033：933 033 033
Cooperativa de Radio Taxi Metropolitana de Barcelona：932 250 000

塞維亞
Radio Taxi Giralda：954 675 555
Tele Taxi Sevilla：954 622 222
Radio Taxi：954 580 000

※ 資料時有異動，請以官方公布的最新資料為主

計程車

西班牙的計程車一樣是採跳錶計費的方式，各城市起跳價格不一。計程車可以隨招隨停，但西班牙的計程車並不像台灣那麼多，如果不在計程車招呼站等的話，可能走了半小時都還招不到一輛空車，所以若有需要搭乘，最好還是先找計程車招呼站。一般在市中心人潮較多的地方，或觀光景點附近會比較容易找得到計程車招呼站，若離市區較遠，建議詢問一下附近商家是否知道招呼站的地點，或直接打電話叫車。

應用西班牙語ABC

應用單字

Estación de tren／火車站
Estación de autobuses／公車站、客運站
Vía／月台
Salida／出發
Llegada／抵達
Billete de Ida／單程票
Billete de ida y vuelta／來回票
Adulto、Niño／大人、小孩
Asiento／座位
Fumadores／吸菸區
No Fumadores／非吸菸區
Ir de____a____／從____到____

實用會話

¿Está ocupado?
這裡有人坐嗎？

Perdone, he perdido el tren. ¿puedo cambiar el billete?
對不起，我錯過火車了，請問可以更換車票嗎？

¿Me da un horario? Por favor.
可以給我一份時刻表嗎？

Quiero reservar un asiento.
我要預訂一個座位。

Tenemos____personas.
我們共有____個人。

¿A dónde va el tren?
這班火車到哪裡？

主要城市交通篇
Transportation

如何利用各式交通工具，
在西班牙4大城暢行無阻？

馬德里、巴塞隆納、塞維亞、瓦倫西亞是西班牙的交通樞紐，搞懂各城交通方式就能順利前往較遠城市旅行。本篇詳細解剖票券、購票機、交通站看板等資訊，還有各交通工具搭乘步驟，讓你旅遊西班牙不迷路。

馬德里

地鐵、火車、巴士……多重選擇，到哪裡都方便

在 馬德里市區移動的方式有很多種，當然悠哉地散步，慢慢認識城市是最棒的，但搭乘地鐵也是省力快速的方式。馬德里的地鐵網絡非常完整，而且只要搞清楚地鐵方向及銜接車站，也比較不用擔心會坐過站。但若覺得坐地鐵無法看到窗外景色，也可以考慮選擇公車或是旅客觀光巴士喔！若想去附近的城市旅遊，則可選擇近郊火車(Cercanías)或是巴士(Autobús)。

在安排馬德里的行程時，若擔心不知道該如何去想去的景點，建議可以先上「馬德里市政交通網」查詢交通方式，有中、英文頁面，包括路線、時刻表、價格等等。

http 馬德里市政交通網：www.crtm.es

路上觀察 *0號月台(Andén 0)*

馬德里廢棄的Chamberí地鐵站已設為紀念館，免費提供參觀，遊走舊地鐵站彷彿搭乘時光機回到70年代。

✉ Alonso Martínez地鐵站

🕐 參觀時間：週四10:00～13:00、週五11:00～19:00、週六、日11:00～15:00

馬德里交通工具特色比較表

票券種類	方便性	注意事項
地鐵	最為快速方便，比較不會搞錯站或坐過站	要注意月台方向，且人多要慎防扒手
公車	可觀賞路上景色，有些地鐵沒到的地方可以選擇搭乘公車	公車上不一定會有每一站的站名告示牌，若不認識路要小心坐過站或坐錯方向
觀光巴士	停靠市區內每個觀光景點，也可觀賞路上景色，可以自由地在各景點上下車	分為1日及2日票，安排行程要注意一下時間的限制，及各景點的開放時間
計程車	可直接到想去的目的地	在計程車招呼站以外的地方，有時不容易招的到計程車，且要注意出發點或目的地是否有加成計費

搭乘地鐵

馬德里地鐵Metro de Madrid

馬德里地鐵有12條主要路線，以及3條輕軌鐵路，總長有293公里，以區域劃分，主要觀光景點都在A區，而B區到C區則是前往馬德里的近郊市鎮。刷地鐵票卡進站，出站時不用，但如果有跨區，持A區地鐵票是進不了銜接B區的閘門，必須補票。

🕐 營運時間：週一～週日06:00～01:30

輕軌地鐵Metro ligero

離馬德里市中心較遠，也須轉換票價，票價的轉換依地鐵圖上的B1、B2來分別，數字越多表示

距離越遠，票價會再增加，例如B2的票價會比B1高。不過在馬德里觀光並不會坐到輕軌地鐵。

地鐵站內資訊解析

圖片提供／陳吟佳

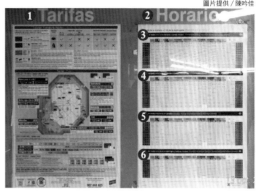

1.地鐵票價／2.時刻表／3.週一～四／4.週五／5.週六／6.週日及國定假日

地鐵票這裡買

單程票、10次票以及觀光票都可以在各大地鐵券販賣機買到。

馬德里地鐵票價比較表

票券種類	使用範圍	票價			備註
單程車票 Billete Sencillo	單次搭乘地鐵公車的價格，不得跨區	€1.50～2.00不等，票價依照目的地距離而有所改變			
單次組合車票 Billete Combinado Metro	單次搭乘地鐵的價格，可跨區搭乘	€3			起迄站為機場時，可直接購買「機場單程組合票(€6)」
10次票 Metrobus 10 viajes	可以轉乘公車，也可多人共同使用，但是僅限於A區使用	€12.2			
馬德里觀光交通套票 Abono turístico de transporte	分為1、2、3、5及7日券，在購買的天數內可無限次使用馬德里的各種交通工具，並以2個區域來計算： ＊A區(馬德里市區)：可使用於各地鐵、公車及此區內的近郊火車 ＊T區(A區以外的區域)：除上述交通工具外，另含可以搭乘至馬德里省各城鎮的「長途巴士」(不可搭乘火車)		A區	T區	建議如果只要逛馬德里的歷史城區，購買A區觀光票即可，可使用觀光票到馬德里機場，也可轉乘公車、近郊火車、輕軌
		1日	€8.4	€17	
		2日	€14.2	€28.4	
		3日	€18.4	€35.4	
		5日	€26.8	€50.8	
		7日	€35.4	€70.8	

※無論使用何種票券，當起站或迄站為機場時，都需增加€3.00的機場附加費用，單程票券可直接購買機場票，其餘票券皆須另行購買「機場附加票券」(Suplemento Aeropuerto)，購買方式請參見P.50

※以上票價參考自西班牙地鐵局網站：www.crtm.es，資訊時有異動，請以官方公布的最新資料為主

馬德里地鐵路線圖

※以下畫面擷取自www.planometromadrid.org

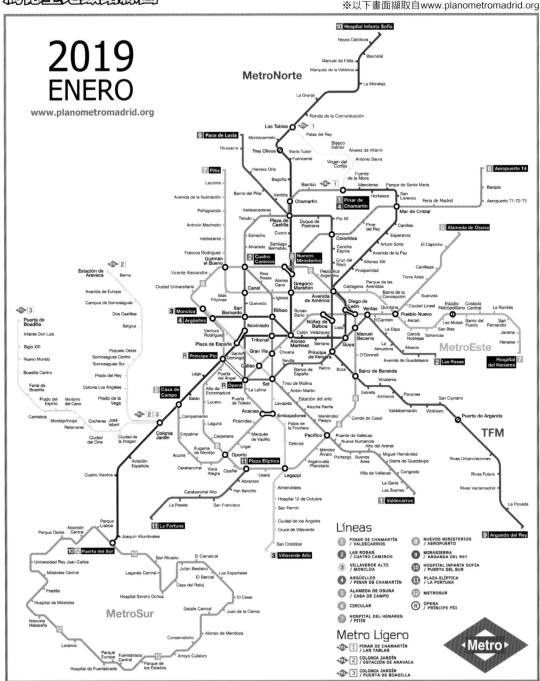

搭乘地鐵步驟

Step 1 找到地鐵站

 尋找有地鐵符號的標誌，表示此處即有地鐵站。

Step 2 確認要搭的地鐵線

先從地鐵圖上找出要搭乘的地鐵路線及方向。

Step 3 刷票過閘門

將票面朝上，依箭頭指示方向插入票口，經過閘門時記得將票取出。

取出票卡

插入票卡

Step 4 前往月台

依照指標前往月台，並先確認地鐵站的終站。

月台方向 2 C. Caminos

停靠站名　轉乘資訊

Step 5 上車

大部分的地鐵車廂門都不會自動開啟，所以上下車要記得拉把手或按鈕，門才會開喔！另外，也要小心月台間隙。

扳手向上扳起開車門

Step 6 車廂內

地鐵車廂不一定相通，車廂內會有每一條地鐵線的路線圖，某些車廂會有電子看板顯示到站資訊，但非每個地鐵都有，最好自己注意一下要搭幾站。

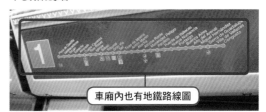

車廂內也有地鐵路線圖

Step 7 下車找出口

一樣記得要拉把手開門，下車後尋找出口或轉乘資訊，出口資訊（Salida）都是以綠底白字標示，可尋找離目的地最近的出口；轉乘時要注意，每條線的地鐵月台都不一樣，沿著轉乘的指標，找到下一條地鐵線的月台即可。

1.月台／2.轉乘其他地鐵線方向／3.出口方向／4.電梯位置／5.部分出口晚上21:30後會關閉／6.出口標示／7.時刻表、地鐵路線圖位置／8.地鐵票售票機／9.入口(No pasar為不能由此出站)／10.出口

購買地鐵票步驟

　　自2017年開始，馬德里地鐵推出地鐵卡Multi-tarjeta，功能同悠遊卡，提供儲值功能（但沒有購物功能），接下來帶大家認識如何購買地鐵卡。

▲ 馬德里地鐵卡

Step 1　插入票卡，開始購票

1.觸碰螢幕開始購票／2.插入馬德里地鐵卡／3.插入地鐵卡／4.取得地鐵卡

Step 2　選擇票種

1.選擇票種／2.單次票／3.10次票／4.機場地鐵票／5.地鐵公車10次票／6.A區適用／7.1號線輕軌適用／8.馬德里公車適用／9.金額／10.同意且繼續／11.離開

Step 3　選擇張數

1.確認所購買的票券／2.總金額／3.地鐵卡票價／4.地鐵公車10次票票價／5.選擇張數／6.同意且繼續／7.離開

Step 4　選擇收據

1.是否需要收據／2.需要／3.不需要

Step 5　確認金額

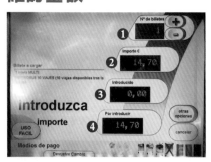

1.張數／2.應付金額／3.已付金額／4.剩餘金額

Step 6　付款、取票及找零

搭乘公車

若想搭乘公車看看車窗外的美景，馬德里的公車網絡也很發達，但要注意一下，一般公車路線圖不會標示出所有站名，只會標示出鄰近較大的站，所以看路線圖時，不是上面畫兩三站就表示搭兩三站就到囉！而且公車內部也不一定都會有標示站名的看板，若不確定哪裡該下車的話最好問一下司機或是車上的乘客！

❤ 貼心 小提醒

公車亭背面有路線圖

若在公車亭等候，等候亭的背面通常都會貼有公車路線圖，會以地圖方式畫出各公車會行經的地方，先找出可以搭乘的公車路線，再至等候亭內，找到公車路線圖，並確認一下公車行走的方向。

公車等候亭背面的路線圖

特別的夜間公車

公車路線前面有加「N」的就是夜間公車。搭乘方式一樣，但班次較少，最好注意一下時刻表。夜間公車每晚都從Plaza de Cibeles(西貝萊斯廣場)發車。

搭乘公車步驟

Step 1 尋找公車路線資訊

確認要搭乘的公車及方向。

公車號碼

目前所在站

可轉乘的地鐵線路

行車方向

圖片提供／陳吟佳

Step 2 前門上車

由前門上車，刷車票卡或買票。

依票卡箭頭方向插入打票機

Step 3 確認是否到站

確認看板上的站名。

站名看這裡

Step 4 到站下車

到站按鈴，由後門下車。

下車按這裡

搭乘觀光巴士

馬德里觀光巴士路線分為兩條，其中一條路線帶領觀光客參觀各著名景點，如太陽門廣場、歌劇院，而另一條參觀的多為馬德里較現代的建築景點。票價依據天數計算，乘坐當日可不限次數上下車。可事先在網站上訂票，會有優惠折扣，出發當日再憑訂票紀錄至任一停靠站上車即可，路線與地圖也可事先在網站上下載。

馬德里觀光巴士票價表

票券種類	1日票	2日票
全票 (16～64歲)	€21.00	€26.00
優惠票 (7～15歲／65歲以上)	€10.00	€13.00
家庭票 (2全票＋2優惠票)	€55.00	€110.00

※0～6歲孩童免費；以上票價時有異動，請以官方公布的最新資料為主

買票看這裡

✉ C/ Felipe IV, s/n
　（普拉多美術館左側街上的售票亭）
✉ Plaza España, 7
http civitatis.com（英、西）

※以上資訊時有異動，請以官方公布的最新資料為主

搭乘計程車

馬德里計程車一樣是以跳錶計算價錢，但是在某些特定的計程車招呼站搭車或是搭到某些地方，付帳時要以計價表上的價錢，自動再加上特定的價格（請參考下表）；價目表可能會隨著政府每年的規定而調整。如果不知道價格不用緊張，通常在計程車內也會貼出價目表給乘客參考。

馬德里計程車計費表

時間	起跳價	每公里	每小時加價
週一～五07:00～21:00	€2.40	€1.05	€20.50
週一～五21:00～07:00 週六、日及國定假日全天	€2.90	€1.20	€20.50

馬德里計程車加成價目表

地點&加成時段	計算方式	加成價格
馬德里機場	終站為機場需加價。另由機場出發、叫車往返機場費率，請參照P.51	€5.50
長程巴士站	從長程巴士站出發，含入口附近	€3.00
火車站	從火車站出發，有特別標示計程車區域的範圍內都算	€3.00
Ferial Juan Carlos公園	起站或終站為Ferial Juan Carlos公園	€3.00
聖誕夜、除夕	到目的地的時間在22:00至隔日07:00之間，須加成付費	€6.70

電話叫車看這裡

Radio Taxi Asocialción Greminal：91 447 51 80
Radio Taxi Independiente：91 405 12 13
Euro Taxi：91 547 85 00
Tele-Taxi：91 371 21 31

※以上資訊時有異動，請以官方公布的最新資料為主

路上觀察 聖誕燈飾公車(Naviluz)

每年聖誕節馬德里期間限定聖誕燈飾公車，從12/1～1/5，18:00～22:20，帶遊客繞市區觀賞主要街道的聖誕燈飾，享受浪漫聖誕氣息。建議先在網路上預訂車票，因為現場購票排隊隊伍都很長，會等到40分鐘以上。

http naviluz.emtmadrid.es

搭乘火車

馬德里的火車站有兩個，南邊較靠近市中心的是阿托查（Atocha）火車站，大部分的火車都在此發車或以此站爲終點，另外爲靠北邊的查馬汀（Chamartín）車站。買火車票時要注意看一下車票上的車站，才不會因跑錯車站而錯過火車。兩個車站皆與地鐵及近郊火車相接，非常方便。

另外，阿托查火車站販售AVE和地方火車的售票處，在靠近近郊火車出入口附近，和一般售票處是分開的。

▲ 售票處請往這走

搭乘近郊火車

爲西班牙鐵路局Renfe所設置的，銜接馬德里市區及近郊的地區。所有的近郊火車（Cercanías）在阿托查火車站皆可搭乘的到，也有些站可以轉乘地鐵。票價依搭乘的路線跨越的區域，而有不同的價錢；不用擔心如何計算，購票時只要選擇目的地的站名，售票機就會直接顯示價格囉！

http www.renfe.com/viajeros/cercanias/madrid

圖片提供／陳吟佳

1.近郊火車標誌／**2.**月台／**3.**目的地／**4.**下一班列車抵達時間

搭乘長途巴士

從馬德里出發至其他較遠的城市旅遊，覺得機票或火車票價太高，可以選擇搭乘巴士。巴士轉運站通常都和地鐵站相連，馬德里最大的巴士轉運站爲南方車站（Estación Sur），位在地鐵Méndez Álvaro站，與地鐵6號線及近郊火車相接。一般巴士票價會便宜許多，所需的旅途時間增加，當然舒適度也相對減少，譬如從馬德里到塞維亞，所需的旅途時間爲6個小時。

若要至馬德里省內的近郊城市，搭乘地點可能會分布在市內不同的地方，最好先至馬德里市政交通網查詢一下搭乘地點及時刻表喔！

Méndez Alvaro站

✉ C/ Méndez Alvaro, 83

http www.estacionautobusesmadrid.com

巴塞隆納

觀光巴士最方便，地鐵、公車網路設備完善

在 巴塞隆納若是短暫的觀光行程，搭地鐵會是最好的移動方式。巴塞隆納大眾運輸網絡完善，但稍微需要注意的地方是巴塞隆納地鐵內告示牌的語言為加泰隆尼亞文，廣播則會有加泰隆尼亞文、西班牙文及英文。

巴塞隆納地鐵內的告▶
示牌是加泰隆尼亞文

♥ 貼心 小提醒

只要1張票，搭遍各式交通工具！

　巴塞隆納的車票非常方便，只要購買一張，就可以使用區域內(如第一區)所有的交通工具，包含地鐵、公車、陸上電車、加泰隆亞鐵路及近郊火車的市區範圍。所以在選擇車票的時候，只要估計好會搭乘的次數和天數，再來選擇車票就可以囉！

1. 車票皆可在地鐵站售票亭或自動售票機購買。
2. 有轉車時間限制的，表示可在此限制的時間內轉換交通工具，譬如從地鐵轉換公車，須再插入票卡，但是會合併計算為一次旅程。
3. 每增加一區，轉車時間可增加15分鐘，例如：跨越兩區的T-10券，可在1.5小時內轉換交通工具。
4. 若要購買跨區車票，直接在購買機上選取增加區域即可，詳見P.89「購買車票步驟」。

巴塞隆納大眾運輸網

🌐 www.tmb.cat/en(英、西、加泰)

　巴塞隆納交通網絡縮寫為「TMB」(Transports Metropolitans de Barcelona)，基本上它的管轄範圍只包含地鐵和市內公車而已，但在它的網站上可以找到幾乎所有交通工具的資訊，也有英文頁面可供查詢，可以事先在網站上查好各項交通工具的路線圖、票價及時刻表。

* 網站剛連結進去會是加泰隆尼亞語的頁面，只要在右上方點選「English」，就可以轉換到英文頁面

* 畫面擷取自巴塞隆納大眾運輸網站：www.tmb.net

巴塞隆納的交通圈數怎麼看

以官方地鐵圖來看，不同底色為不同區域，圖中巴塞隆納市中心位於灰白底色的第一區，也是觀光精華區域。而巴塞隆納地鐵營運範圍也只有第一區，不用擔心跨區的問題，若要到其他區域則必須搭乘加泰隆尼亞鐵路（FGC）或西班牙鐵路局營運的（Rodalies de Catalunya）火車。

貼心 小提醒

巴塞隆納有些景點需要搭纜車(Teleférico / Funicular)才能到達，例如前往蒙塞拉特山，必須在 Paral-lel站轉搭纜車，跟著指示走就不會迷路啦！

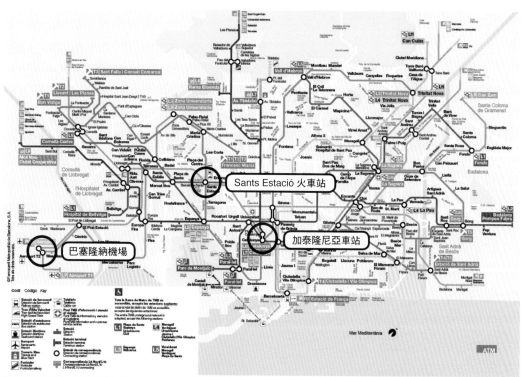

Sants Estació 火車站

巴塞隆納機場

加泰隆尼亞車站

※以上畫面擷取自www.metrobarcelona.es

巴塞隆納地鐵票價比較表

票券種類	第一區價格	使用說明
單程票 Billet Senzill	€2.20	可搭乘地鐵、公車及纜車，往機場線的地鐵L9線不適用於此票
機場票 Billet aeroport	€4.00	只有持機場票才可搭乘L9線前往巴塞隆納機場T1及T2
10次票 T-10 (1 zona)	€10.20	可多人使用，總共可搭乘10次，可在1小時15分鐘內轉車
30天內搭乘50次票 T50 / 30 (1 zona)	€43.50	限單人使用，可於30天內搭乘50次，可在1小時15分鐘內轉車
月票 T-Mes (1 zona)	€54.00	記名票，以首次搭乘起算30天，不限次數搭乘各項交通工具
日票 T-Dia (1 zona)	€8.60	限單人使用，可於當日不限次數搭乘各項交通工具

※以上資訊時有異動，請以官方公布的最新資料為主

Hola BCN!
哈囉，巴塞！觀光交通套票

　　為了方便在巴塞隆納的旅客所設計的交通套票，可在指定天數內無限次數搭乘各項交通工具，包含地鐵、電車、公車、加泰隆尼亞鐵路（市區內）、近郊火車（市區內），票價依天數計算，可在地鐵站票機購買，在官網購買則有9折優惠：www.holabarcelona.com。

圖片截取自www.tmb.net網站

哈囉，巴塞！觀光交通套票票價表

天數	票價
2日	€15.20
3日	€22.20
4日	€28.80
5日	€35.40

※以上資訊時有異動，請以官方公布的最新資料為主

Hola BCN！交通套票&觀光巴士優缺點比較表

	優點	缺點
Hola BCN！交通套票	可以不限次數搭乘所有交通工具	需要自己安排路線及規畫行程，且沒有導覽。若搭地鐵就看不到街上景色，除非搭乘公車
觀光巴士	旅遊景點已規畫好，可以順著路線遊玩，不須費心思考該如何抵達想去的觀光景點。巴士上還有導覽介紹，並享有各觀光點折扣	路線僅包含觀光巴士停靠點，若要去其他地方須另行購買車票

搭乘地鐵

　　嚴格來說，巴塞隆納的地鐵只有9條線，包括L1～L5、L9的南北2條線（往機場的為L9S南線），以及L10、L11，其他則有路上電車及加泰隆尼亞鐵路市區路線。購買的地鐵票只要在第一區，每項交通工具皆可搭乘，只是轉換交通工具時需要出站，但在1小時15分鐘內完成轉車，則被視為同一趟旅程。

地鐵營運時間

週一～週四、週日及假日：05:00～00:00
週五、週六及假日前一晚：05:00～02:00

貼心 小提醒

　　注意：有些車站是要刷票後從閘門的右方進入。因為跟一般的習慣不一樣，要小心不要走錯！

路上觀察 西班牙地鐵禮儀

　　地鐵手扶梯會空出右邊讓趕時間的人行走，車廂內不能吸菸，但可以飲食，會看到很多上班族趕時間在車上吃早餐，垃圾千萬要記得帶走。地鐵中會有許多街頭藝人穿梭在各車廂，如果你想拍下他們唱歌、彈吉他或跳舞的畫面，請記得要付費給他們，又或者是會有低收入戶在地鐵裡請求乘客們的金錢或食物援助，這就看大家是否要愛心捐獻了。

搭乘地鐵步驟

Step 1 尋找地鐵站

只要看到菱形符號中間有一個大大的「M」字，就表示此處有地鐵。

Step 2 確認地鐵線

入口處及告示板上一定有標出此站可搭乘的地鐵路線，先確認好要去的目的地及轉車點，規畫好路線後，進地鐵站才不會手忙腳亂。

此站可搭乘的地鐵線

Step 3 刷票過閘門

票面朝上，依箭頭方向插入票口，經過閘門時記得將票取出。注意：有些車站是要刷票後從閘門的右方進入。因為跟一般的習慣不同，要小心不要走錯！

依箭頭指示進站

Step 4 沿指標找月台

先確認要去的方向的終點站，再依指標找月台，不確定的話，指標旁會標有會經過的站名，只要檢查要去的車站是否列在上面，月台上也會有標示。

← Línia 2 Pep Ventura

Step 5 搭上地鐵

地鐵車廂門不一定會自動開啟，上下車要記得拉把手或按鈕，門才會開喔！

拉把手開門

Step 6 確認站名

車廂內有站名標示，已經過站的會亮燈，下一個亮燈的站名即是下一站。

車廂內有路線圖

Step 7 找正確出口

地鐵站出口常會用許多圖示來標明，非常好辨認。

出口標誌

Step 8 出地鐵站

出站無須再刷票卡，若須轉乘，依相同方式找到下一條地鐵線的月台即可。

Sortida Pl. Països Catalans

依圖示找出口

搭乘公車步驟

Step 1 尋找公車站牌

若有公車亭的候車站，背面通常會有巴塞隆納所有公車的路線地圖，可以找到要去的目的地可以搭乘的公車資訊。沒有候車亭的地方，公車路線會貼在站牌的柱子上。

公車路線看這裡

Step 2 由前門上車，刷票卡

把車票卡正面向自己，依箭頭方向插下去即可。

票卡插入孔

Step 3 下車按鈴，由後門下車

到站時按下車鈴，再由後門下車即可。

下車前按鈴

搭乘計程車

巴塞隆納的計程車車身是黑色和黃色，和其他地區不大相同，非常有特色呢！而計程車公司也有很多家，在巴塞隆納叫計程車，除了到計程車等候站叫車之外，甚至還有些公司可以直接在網站上預訂叫車地點和時間。

叫車看這裡

Radio Taxi 033
📞 933 033 033　　http www.radiotaxi033.com
Cooperativa de Radio Taxi Metropolitana de Barcelona
📞 932 250 000　　http www.radiotaxibcn.org

行家祕技　另類選擇：豪華觀光服務

計程車公司還有一種「豪華觀光服務」，可參考網站上規畫的行程，包車帶你遊巴塞隆納的觀光景點，譬如「高第路線」就會帶你參觀聖家堂、奎爾公園等地方，也可以自由調配行程，不過價格比較高。若要詢問價格或預約，必須透過E-mail或打電話聯繫，告知人數以及要參加的行程，再請對方報價。

http www.barcelonataxivan.com
📞 (+34) 670 531 619

租車

有幾家公司提供附駕駛的租車服務，可直接上網預定等車的時間與地點，也可承租小型巴士。

租車看這裡

http www.taxivanbcn.com (可在網站上預訂)
📞 (+34) 628 704 051

搭乘觀光巴士

巴塞隆納的觀光巴士（Autobús turístico）或許可算是全西班牙做的最完善的一個城市，共分為紅、藍、綠3條路線，紅線及藍線皆從加泰隆尼亞廣場發車，紅線／北線（Ruta roja）繞經較北邊如米拉之家、聖家堂、奎爾公園等名勝；藍線／南線（Ruta azul）則主要走南邊如西班牙廣場、奧林匹克公園及港口等部分。紅線和藍線繞完一圈大概各需要2小時。綠線（Ruta verde）只在觀光旺季營運，約為每年4月～9月底，和藍線相連接，主要繞經東南靠海邊的景點，如奧林匹克港等。

路線不同，站牌就不同

觀光巴士有好幾個站會相接，在轉車的時候，要記得去找到另一條路線的站牌。千萬不要傻傻的在下車的地方等另一條路線，因為不管怎麼等都會是同一條線！但有時站牌相隔較遠，找不到站牌時怎麼辦？別擔心，只要觀看路上另一條路線的車子往哪個方向走，順著走過去一定會看到站牌！

觀光巴士辨認方法

看跑馬燈：也可以看巴士前面的跑馬燈，都會標出它的路線！

找icon：找到觀光巴士的「眼睛」符號。
看顏色：只要站牌上面的顏色是紅色，就表示是紅線，若是藍色就表示是藍線囉！

觀光巴士票價表

票券種類	1日價	2日價
全票	€30.00	€40.00
敬老票	€25.00	€35.00
兒童票	€16.00	€21.00

※票價參考自官方網站：www.barcelonabusturistic.cat
※以上資訊時有異動，請以官方公布的最新資料為主

觀光巴士搭乘看這裡

哪裡購買

巴士券可在加泰隆尼亞廣場的售票亭購買，也可以直接上車跟車上的服務人員購買。購票時會另外附贈一本導覽書及折價券，幾乎所有的觀光景點都可以折價一點點喔！

使用方式

可不限次數在各個停靠點上下車或換路線，上車時由前門上車，下車一律經由後門。

特　色

搭乘觀光巴士除了可以很方便地參觀巴塞隆納所有觀光景點之外，車上也會有簡單的導覽，基本上每個景點都會以西文和英文各導覽一次，有時候遇上可愛的導覽人員，會讓旅途增添一點樂趣喔！

觀光巴士售票亭

購票附贈品

折價券內頁

折價券背面有相關資訊

搭乘長途巴士

巴塞隆納主要的巴士車站為北站（Estació del Nord），大部分的長途巴士皆由此發車，包含國際線的長途巴士也是以此為終點，不過也有的會在其他車站發車，建議事先購票並注意發車地點。發車時間通常「非常準時」，最好提早到。

行家祕技　從網站查詢巴士時刻表

http www.barcelonanord.com

步驟1

DESTINACIONS I HORARIS

Trajecte　　　　　　Destinació
◉ Nacional 國內線　De Barcelona a ＿＿＿＿　自巴塞隆納至＿＿
◯ Internacional 國際線　De ＿＿　a Barcelona 自＿＿至巴塞隆納

☐ Consultar sense data

Tipus trajecte　　　　　　　　　　　位置數
　　　　　　　　　　　　　　　　　　Places 1 ⬍
◉ Anada　　◯ Anada i tornada　◯ Tornada oberta
去程　　　　來回　　　　　　回程open
Dates
D'anada 去程日期　De tornada 回程日期　　確定　Cercar

步驟2

出發時間	抵達時間	起站	迄站	車程時間	票價	位置數	巴士公司

▲ 巴塞隆納近郊鐵路售票機所示為BARCELONA (NORD) - AEROPUERTO MADRID - BARAJAS T4

搭乘加泰隆尼亞鐵路

加泰隆尼亞鐵路（FGC，Ferrocarrils de la Generalitat de Catalunya）從市區向外延伸到大巴塞隆納地區；分為兩大主要路段，分別自加泰隆尼亞廣場（Pl. Catalunya）及西班牙廣場（Pl. Espanya）發

▲ FGC的標示

車。市區路段大致都是一樣的，向外延伸的停靠點才會分散開來。可上「市政交通網」或FGC官網查詢時刻表及路線圖，都有英文網頁。

http 時刻表查詢：www.fgc.cat/eng/cercador.asp

搭乘火車

巴塞隆納主要火車站有兩個，分別為Sants Estació火車站及法國火車站（Estació de França），在搭車時一樣要注意是哪一個車站喔！

搭乘近郊火車

巴塞隆納近郊火車（Rodalies Barcelona）共計6條線，以Sants Estació火車站為交會點。路線不繁複，但某些交會點可能只有一個月台，需仔細查看來車資訊，以免搭錯車。其中，10號線（Aeropuerto-Estació de França）連結機場與市區。

http 時刻表查詢：
www.renfe.com/
viajeros/cercanias/
barcelona

R Rodalies de Catalunya

▲ 巴塞隆納近郊鐵路售票機

貼心 小提醒

多線共用月台，小心搭錯車！

在加泰隆尼亞廣場的近郊火車月台有4線火車會由此經過，其中1、3、7號線的終站是一樣的。

留意看板資訊！

在候車時注意看板上的列車資訊，終站標示若為要搭乘的列車終站，表示下一班車可搭至目的地。

自動售票機購票步驟

Step 1 選擇票券種類

選擇語言

Step 2 選擇區域及張數

選擇張數　Seleccioneu Quantitat/Zones　選擇區域

Step 3 投錢

購買金額在€25以下，不得插入€50鈔票。購買金額在€5以下，則不得插入€20及€50鈔票。

Step 4 取票及找零

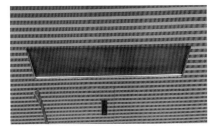

信用卡插入口

硬幣投入口

螢幕操作鍵盤

取票及找零口

紙鈔投入口

注意事項(見Step.3)

信用卡資料輸入鍵盤

塞維亞

輕軌電車最方便

塞維亞的舊城區很集中，步行是最推薦的方式，也可搭乘地鐵、輕軌或搭乘馬車認識城市各個角落。塞維亞機場是安達魯西亞自治區內最大的機場，除國內航班外，亦有飛往北非及歐洲各國的航班。可從Plaza de Armas搭乘EA(Especial Aeropuerto)公車前往。

搭乘馬車

許多觀光客會選擇搭乘馬車(Coches de caballos)繞城市一圈，會停靠主要觀光點。在瑪利亞露易莎公園、主教堂、塞維亞王宮都能看到馬車停靠站，旅程約45～60分鐘，價格為€45但在聖週和塞維亞春會期間票價會調漲。

搭乘輕軌電車

相較地鐵，路面上的輕軌電車(Tranvía)更加方便，重要的觀光景點和巴士轉運站都能到達，票價單程為€1.40。

搭乘地鐵

塞維亞的地鐵(Metro de Sevilla)目前只有一條線，分成3個段落，而塞維亞的舊城區相當密集，最適合的方式還是步行，但如果想搭乘地鐵進行城市觀光的旅客，可以參考以下票價說明。

塞維亞地鐵
http www.metro-sevilla.es/en
🕐 週一～五：06:00～23:30

塞維亞地鐵票價表

段落	起始段 (0 salto)	第一段 (1 salto)	第二段 (2 salto)
單程票價	€1.35	€1.60	€1.80
來回票價	€2.70	€3.20	€3.60

※一日票票價為 €4.50，包括3個段落皆可使用
※以上資訊時有異動，請以官方公布的最新資料為主

瓦倫西亞

最推薦的移動方式是步行

瓦倫西亞的舊城區不算大，最推薦的移動方式還是步行，但如果要去海邊或者是市郊，也是有大眾交通工具可以搭乘。

租腳踏車

瓦倫西亞市中心有很多腳踏車出租店，價格約€7～10／天，在陽光充足的瓦倫西亞騎腳踏車逛市區、一路騎到海灘是很好的選擇。

瓦倫西亞旅遊卡

要在瓦倫西亞多玩幾天，且想去海邊曬太陽的人，可考慮購買瓦倫西亞旅遊卡(Valencia Tourist Card)，可無限次數搭乘地鐵、輕軌電車、公

車，票價也包括特定美術館及博物館的入場券及多項折扣，在旅遊資訊處就買得到，請參考瓦倫西亞旅遊網。

http www.visitvalencia.com/zh(西、英、簡中)

瓦倫西亞旅遊卡票價表

瓦倫西亞1日卡 (24 horas Valencia Tourist Card)	€15.00
瓦倫西亞2日卡 (48 horas Valencia Tourist Card)	€20.00
瓦倫西亞3日卡 (72 horas Valencia Tourist Card)	€25.00

※以上資訊時有異動，請以官方公布的最新資料為主

搭乘地鐵

瓦倫西亞的地鐵（Metro de Valencia）分成3個區域，重要的歷史城區在A區，如果想搭乘地鐵在瓦倫西亞趴趴走的旅客，可買A區的票即可，單程€1.5，營運時間可參考瓦倫西亞地鐵局網站。

http www.metrovalencia.es(西、英)

應用西班牙語ABC

應用單字

	西班牙語	加泰隆尼亞語
出口／入口	Salida／Entrada	Sortida／Entrada
發車	Salida	Sortida
到站	Llegada	Arribada
停靠站	Parada	Parada
地圖	Mapa／Plano	Plànol
時刻表	Horario	Horari
去程／回程	Ida／Regreso	Anada／Tornada
車票	Billete	Bitllet
售票亭	Taquilla	Taquille

實用會話

¿Me da un mapa del metro, por favor?／可以給我一份地鐵圖嗎？

Quiero comprar un billete de ida／ida y vuelta a……, ¡ Gracias! ／我想買一張去……的單程／來回車票，謝謝！

Quiero comparar un abono de metro de 1 día／2 días.／我要買地鐵1日／2日套票。

¿Dónde está la estación de tren／estación de autobús／la parada de bus turístico?／火車站／巴士站／觀光巴士站在哪裡？

¿Dónde está la parada de autobús número 17?／請問17號公車站牌在哪裡？

¿Cuál es la próxima parada?／下一站是什麼？

Quiero bajarme en la próxima parada.／我想要在下一站下車。

¿Nos podrías avisar cuando lleguemos a la parada de ……? Gracias. ／到……站時，可以叫我們嗎？謝謝。

¿A qué hora sale el próximo tren?／下一班火車幾點出發？

Perdone, ¿Dónde está la vía de……?／不好意思，請問……的月台在哪裡？

Quiero ir a……, ¿Cómo puedo ir?／我要去……，請問該如何去呢？

Quiero ir a……¿Cuántas paradas faltan todavía?／我想去……，請問還差幾站？

¿Dónde puedo comprar el billete?／我要在哪裡買票？

住宿篇
Accommodations

在西班牙旅行，有哪些住宿選擇？

如何順利訂房，並找到旅途中理想的家，本篇提供訂房方法與5種房型介紹，
幫助你住宿有著落。還提醒你保護自身安全的方法，與住宿的禮節。

以上圖片提供／Imágenes cedidas por Hotel Marqués de Riscal

住宿地點與種類

考量交通便利性與住宿預算

西班牙是個以觀光聞名全球的國家，住宿的選擇非常多種和多樣化，不用太擔心找不到地方住。但這也要看你出國旅遊的時間，若遇旅遊旺季，雖然不至於完全找不到地方住，若想為自己的荷包省點錢或住到自己喜歡的旅館，最好還是先上網蒐集一下資料，早早訂位。若是遇到重大的節慶，譬如3月瓦倫西亞的火節、塞維亞的4月春會，那可是一房難求，想要訂到好旅館，可要在半年前就下手！若行程還不確定，建議至少先預訂好抵達西班牙前幾天的住宿，之後再用訂房網站搞定住宿，網站上會有折扣和照片可挑選房間，會比一家一家詢問方便也便宜。

適合的住宿地點

交通要便利

盡量選擇市中心的地點投宿，鄰近觀光景點為最佳選擇，既可省下不少交通費，晚上回旅館也比較方便。火車站附近雖然都有旅館，但是一般來說環境會比較混雜，應盡量結伴同行，並隨時小心自身的安全。

考量預算

大致排定自己的預算，預算較少或是只有一個人時，可以考慮住青年旅館，比較安全，也可以認識不同國家的朋友。2人以上住宿一、二星級的旅館，平均分攤下來會比較便宜。單人房通常與雙人房價格差不多，一個人住會比較划不來。

視停留時間決定

若在同一個地方停留較長的時間，或是同行的

貼心 小提醒

如果還沒訂房怎麼辦？

若到當地還沒有預訂旅館，可以至旅遊資訊中心，請服務人員幫忙代訂。只要告知要住宿的天數、預算、希望的地點，服務人員就會幫你篩選出最合適的旅館，並幫忙訂房，通常還會告訴你要怎麼去，過程可能要支付一點點手續費用，但也省去了拖著行李到處找旅館的麻煩，非常方便喔！

掌握淡、旺季，價格差很多！

有些旅館的價格有分為淡季(Temporada baja)、旺季(Temporada alta)，旺季的價格會比淡季提高一些，視每家旅館的規定。基本上7、8月算是旅遊旺季，旅館價格可能會提高。

另外，若有地方重大節慶，譬如塞維亞4月的春會，當地的旅館幾乎都會提高到旺季的價格。此外，巴塞隆納會增收住宿稅，約€1.5～2.5不等。

人較多，可以考慮租公寓，好處是有廚房可以使用，可以省下不少在外面吃飯的錢。

旅館 Hotel

優點：服務齊全、設備最為完善
缺點：價格較高，且不一定包含早餐
價位：三星級旅館雙人房一晚約€60起
　　　　四星級旅館雙人房一晚約€80起

　　分為五個星級，旅館門口通常都會標示，一般來說價格較高，房間較為舒適，至於有沒有附早餐要看各旅館的規定。**基本上，一或二星級的旅館不一定會附上洗髮精和沐浴乳等，必須要自行攜帶。**規模越大、服務越好的飯店，等級當然也就比較高。但是有些一或二星級的飯店，可能只是因為房間數量不多，未達到三星級以上的標準，但是服務很好，房間也很清潔明亮，甚至還有附上早餐，所以在選擇旅館時，不要單以星等來評判旅館的好壞，先看清楚各旅館的資訊，再來判定自己想要訂哪一家囉！

　　較高級的飯店除了24小時都有櫃檯服務之外，也有可能提供販售郵票、明信片、旅遊卡或代訂行程等的服務，在Check-in的時候可以注意一下，或詢問櫃檯人員。另外，也可能提供洗衣服的服務，一樣可以詢問櫃檯。而在高級飯店要給小費，遇到搬運行李的人員、客房服務及櫃檯人員，可能都要給一點小費，才不會失禮喔！

http www.hotels.com
http www.booking.com

▲H招牌下面的星星數量代表旅館的星級

貼心 小提醒

行李箱上鎖，確保物品不遺失

　　即使已經在飯店內Check-in了，仍要隨時注意自己的行李，以免不肖之徒趁機搶劫。入住後，每天要出門觀光前，記得將重要的物品鎖在保險箱內，若沒有保險箱，可以將重要物品收在大行李箱中，將行李箱上鎖，尤其是多人共住一間的青年旅館，一定要將行李箱上鎖喔！

隨身攜帶旅館名片

　　Check-in之後記得要馬上向旅館拿一張小名片，並隨身攜帶，萬一迷路了還可以拿名片詢問路人，或坐計程車回來。

一入住立即檢查房間設施

　　登記入住後，記得先檢查各項設施，包含是否有熱水、冷暖氣、電視是否能開、鑰匙功能是否正常等事宜，若發現有問題要立即反應，可以要求更換房間。

託管行李或找寄物處存放

　　退房後，若離出發時間還有一段時間，可以委託旅館代為保管行李，一般都會將行李放在櫃檯內部或是有上鎖的寄物間。但若旅館只是將託管的行李放在大廳，那依然會有被偷的危險，最好還是自己找安全的寄物處寄放行李囉！

行家祕技 如何辨別旅館是否附餐

　　Hotel或Hostel的「H」後面加上一個「R」，是「Hotel(Hostel) Residencia」的縮寫，意指「這家旅館沒有餐廳」。

旅社 Hostal / 民宿 Pensión

優點：較爲便宜
缺點：衛浴共用，須自備盥洗用具
價位：雙人房一晚約€22起

比旅館便宜，旅社（Hostal）有分一到三星級，通常是規模較小的旅館，一般並不會附盥洗用具，必須自行攜帶。旅社可能坐落在類似住宅區的地方，一般在大城市可能只占公寓的一層樓或

▲ 在公寓門口的旅社招牌

一部分，並沒有像旅館一樣的大廳，通常也沒有電梯。民宿（Pensión）則爲家庭經營的住宿點，很類似旅社，但一般來說會布置的較爲溫馨，也可以跟民宿的主人多聊聊天。另外，不一定會24小時開放，可能會有夜晚門禁時間的限制，須跟櫃檯人員詢問清楚。有些民宿會直接附上大門的鑰匙，就不需要擔心晚歸的問題。

住旅社及民宿要多加注意安全問題，因爲旅社通常在2樓以上，晚歸時要注意有沒有人跟在後頭，或是樓梯間是否有人，盡量結伴同行爲佳。

▲ 許多青年旅館都非常漂亮，馬德里的The Hat還可在陽台享用早餐

路上觀察 不在門上的大門開關

住在西班牙的房子裡，想要出門時找來找去卻找不到可以開門的地方，不要緊張，稍微往裡面走一點，一定會發現有一個按鈕，通常上面會有個「鈴鐺」的符號，只要按一下，門就會開了。住旅館的人比較不需要擔心會碰到這樣的問題，但若是住在2或3樓的旅社，晚上通常會把1樓的大門鎖上，避免不肖人士闖入，若一早出門發現大門尚未打開，只要找一下就可以囉！

青年旅館 / 背包客棧
Albergue Juvenil / Hostel

優點：價格便宜、可結交各國的朋友
缺點：房間、衛浴須與他人共用
價位：單人床位一晚約€14～25不等

青年旅館提供青年朋友便宜的住宿，通常爲4人以上同住1房、男女分開的住宿方式（並非全部），價格會依據房內床位多寡、是否含衛浴等因素而有所不同，入住青年旅館需出示青年旅館證。但近年來也有不少私人旅社採取類似的模式，也就是「背包客棧」。大多附有交誼廳和簡易的茶水間，甚至廚房，選擇這一類的住宿，好處是比較容易結交到來自世界各地的朋友，甚至可以與新夥伴共同出遊，但也因爲與其他人共用房間，重要文件及財物請保管好。

青年旅館網站預訂

http www.hihostels.com

ℹ️ 有些青年旅館是沒有男女分房的,訂房時可以多注意一下,避免入住時覺得錯愕

【推薦西班牙4大城市的青年旅館】

馬德里

OK Hostel
http okhostels.com
✉️ Calle Juanelo, 24　📞 +34-91-429-3744
➡️ 鄰近地鐵站:5號線La Latina站

The Hat Madrid
http thehatmadrid.com
✉️ Calle Imperial, 9　📞 +34-91-772-8572
➡️ 鄰近地鐵站:1號線Tirso de Molina站

巴塞隆納

Ten To Go Hostel
http www.tentogo.es
✉️ Carrer de Valladolid, 43　📞 +34-93-138-9032
➡️ 鄰近地鐵站:1、5號線Plaça de Sants站

Barcelona Central Garden
http www.barcelonacentralgarden.com
✉️ Calle Roger de Lluria 41　📞 +34-93-500-6999
➡️ 鄰近地鐵站:4號線Girona站

塞維亞

For You Hostel Sevilla
http foryouhostelsevilla.zenithoteles.com
✉️ Calle Bailén,15　📞 +34-95-432-1530
➡️ 近Plaza de Arma客運站

Triana Backpackers
http www.trianahostel.com
✉️ Calle Rodrigo de Triana　📞 +34-95-445-9960
➡️ 位於Triana區,近河畔

瓦倫西亞

The River Hostel
http riverhostelvalencia.com/en
✉️ Plaça del Temple, 6　📞 +34-96-391-3955
➡️ 鄰近地鐵站:3、5、7、9號線Alameda站

※ 資料時有異動,請以官方公布的最新資料為主

行家祕技

事先查好街道位置

　　西班牙的街道名分得很細,一般類似台灣巷、弄大小的街道,也會有獨立的名字。尤其是較老的城區,除了每條街都有自己的名字之外,各街道還不見得是垂直的,有時候街道太小,即使是計程車司機也不一定知道在哪裡,更有趣的是,即使向人問路,也很可能得到不同的說法!

　　建議在出發前,先查好自己住的旅館、要去的景點和餐廳等的所在位置,記住附近較大的地鐵站或是明顯的建築,才不會兵荒馬亂找不到地方。尤其舊城區中的旅社或民宿,大多坐落在很小的街上,到了住宿地點後,最好帶著該地點的名片出門,以防回來時找不到地方。

租公寓 Apartamento

優點：可以自行炊煮、洗衣等
缺點：短期價格偏高
價位：雙人公寓套房一晚約€70起(參考馬德里價格)

若有兩人以上同行或家庭旅行，在同一個地方待較長的時間（約一週以上），建議可以承租公寓（Apartamento）或套房（Estudio），價格不會比旅館貴，通常租的時間越長，價格會越便宜，人越多平分下來越划算。好處是有自己的廚房，可以在超市買些食材自己煮東西來吃，可省下不少餐費，更可以讓自己在旅遊途中有個「家」的感覺，體驗當地居民的生活。

小型家庭旅館 BnB

BnB是近年流行的住宿方式，房東將客房提供給旅客住宿，有可能只有一間客房，也可能不會有接待處或者清潔人員，是種個人化、社區型且充滿驚喜的住宿體驗，搞不好你遇到的房東就是西班牙名人也不一定！訂房及費用請查詢網站。

http www.airbnb.com.tw

沙發衝浪 Couchsurfing

眾多背包客嚮往的住宿方式，就是到當地的背包客家借沙發睡一晚，絕對是融入西班牙當地生活、感受西班牙文化最快速的方式，當然冒險性也相對提高許多！找沙發請查詢網站。

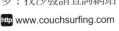

http www.couchsurfing.com

行家祕技 住宿有「禮」

公共場合勿衣衫不整

只要出了房門，都算是公共場合，請不要穿著睡衣、拖鞋在走廊上行走。

部分旅館須遵守門禁時間

高級飯店沒有門限時間，其他住宿地點最好在Check-in時詢問清楚。Hostal和青年旅館基本上晚上是會關起大門的，若要晚歸須事先告知櫃檯人員，而有些家庭式小旅館，會直接附上大門的鑰匙，則沒有門禁問題。

勿深夜淋浴

盡量不要在深夜淋浴，以免吵到其他房客，另外，淋浴間都會有拉門，淋浴時一定要拉上，因為浴室地板沒有排水孔，會造成積水。若在浴缸中淋浴，也請記得要將浴簾拉上，浴簾底部收在浴缸內部，水才不會流出去喔！

禁菸

大多數的旅館房間內都是禁止吸菸。

貼心 小提醒

帶不帶吹風機看天氣

到底要不要帶吹風機？如果是住在較好的旅館，就有可能會附有吹風機，但若為了省錢而住在旅社的話，就要自己準備了。基本上，西班牙夏季較為乾燥炎熱，白天也較長，洗完頭用毛巾擦乾後，過一下子就會全乾了，可以不用帶吹風機，減輕重量。但冬天頭髮不容易乾，最好還是攜帶一下囉！並且要注意變壓和轉接插頭的問題。

特色住宿推薦

國營旅館、鄉村之家、設計飯店、生態旅館

圖片提供／Imágenes cedidas por Parador de Chinchón

國營旅館 Paradores

西班牙的國營旅館聯盟成立於1928年，大多設在具有藝術及歷史意義的建築中，如修道院、古堡，放眼望去皆是自然美景和中世紀建築氣息，為三星級或四星級飯店，提供舒適及充滿歷史感的住宿環境。西班牙總共有95間國營旅館，其中45間列為國有文化遺產，但要注意許多國營旅館並非在市中心，可能需要開車或搭計程車前往。

http www.parador.es/en
$ 約€80～150／晚。有不同折扣方案，費用詳情請查詢國營旅館網頁

PARADORES

國營旅館優惠方案

■**青年優惠方案(Escapada Joven)**：只要有一人的年齡介於18～30歲，就可以使用青年優惠價格來訂國營旅館，即房價的85折，早餐部分可享有7折優惠，但要注意的是每間房內皆必須有一人符合年齡限制。

■**黃金優惠方案(Días Dorados)**：55歲以上的長者訂房，可享有各房型房價9折優惠，早餐部分可享有7折優惠，每間房內只要有一人符合年齡條件即可。

■**兩晚優惠方案(Especial 2 noches)**：在普通雙人房住宿兩晚以上，可以享有房價85折優惠，早餐和餐廳的菜單部分，可享有8折優惠。

■**住宿5晚優惠卡(Tarjeta 5 noches)**：價格為€575，平均每晚每房€115，可在西班牙任一家國營旅館使用，不含早餐，但可享有餐廳8折優惠(不含飲料)。某幾間旅館在特定時期會加收費用。本卡可在任一家國營旅館購買，不提供寄送台灣的服務。建議會在西班牙停留較長時間再行購買。

以上圖片提供／Imágenes cedidas por Parador de Chinchón

鄉村之家 Casa Rural

想感受鄉村風景、小鎮特殊文化可以選擇鄉村之家。屬於私人財產，房屋內擺設及風格皆不

同，鄉村之家有花園、庭院等，提供給旅客如同回家般的舒適感。鄉村之家大多位在各自治區小鎮中，能享受親密的西班牙文化。訂房及費用請查詢網站。

http www.toprural.com

設計飯店 Hotel de Diseño

希爾肯馬德里美洲門飯店
Hotel Silken Puerta América Madrid

西班牙希爾肯飯店為著名高級飯店集團，其中馬德里美洲門飯店為一間設計飯店，飯店中每個空間均出自當代傑出建築師之手。邀請共22位來自不同國家、文化背景的建築師，將最佳且獨特的建築美學實踐在飯店空間，各主題樓層、房間、餐廳、酒吧等都有不同的色調、造型和概念，讓旅客感受當代建築創意和跨文化概念，留下不同於傳統飯店的住宿經驗。訂房及費用請查詢官網。

http www.hoteles-silken.
com/hoteles/puerta-
america-madrid

以上圖片提供／Imágenes cedidas por Hotel Silken Puerta América Madrid

禮斯卡爾侯爵飯店
Hotel Marqués de Riscal

位於巴斯克自治區的市鎮埃爾希耶戈（Elciego）是知名酒莊，2006年開幕的五星級飯店由畢爾包古根漢美術館的建築師法蘭克蓋瑞（Frank Gehry）打造。造型前衛且充滿現代感，華麗的室內裝潢及舒適的住宿空間。除了住宿外，也提供品酒和酒窖參觀，讓喜愛高級飯店及品酒的旅客擁有一個完美的體驗。訂房及費用請查詢官網。

http www.hotel-marquesd
eriscal.com

以上圖片提供／Imágenes cedidas por Hotel Marqués de Riscal

生態旅館 Eco Hostel

近年流行的生態旅館不僅是綠化環境，舉凡節能減碳、利用再生資源等都是主要議題。巴塞隆納Sleep Green青年旅館是西班牙第一間獲得歐盟生態標籤認證（Ecolabel）的旅館，老闆熱愛地球及環保，接手舊民宿改建成生態旅館，和世界各地背包客一起執行節約用電、用水，和垃圾分類，使用可再生能源。提供舒適住宿環境，也有充滿家庭感的交誼廳，從旅行中重新拾起環保意識，一起愛地球吧！訂房及費用請查詢網站。

http sleepgreenbarcelona.com

應用西班牙語ABC

住宿篇

字母發音

Mañana／明天
Hoy／今天
Por la mañana／上午
Por la tarde／下午
Por la noche／晚上
Habitación libre／空房
Habitación individual／單人房
Habitación doble／雙人房
llave／鑰匙
Equipamiento／設備
Agua／水
Agua caliente／熱水
Vaso／玻璃杯
Champú／洗髮精
Gel de ducha／沐浴乳
Secador de pelo／吹風機
Toalla／毛巾
Jabón／肥皂
Aire acondicionado／空調
Calefacción／暖氣
Ventana／窗戶
Teléfono／電話
Televisor／電視
Caja de seguridad／保險箱
Internet／網路
Wifi／無線網路
Con baño／ducha／附設浴室／淋浴間
Baño compartido／共用浴室
Con／Sin desayuno／含／不含早餐
Abierto 24 horas／24小時開放
Centríca／近市中心

應用單字

Tengo reserva.
我有訂房了。

¿Todavía tiene habitación libre para una persona/dos personas/tres personas?
請問還有給1個人/2個人/3個人的空房嗎？

Quiero reservar para tres noches.
我想要預訂3個晚上。

He dejado la llave en la habitación.
我把鑰匙留在房間裡面了。

¿Puedo cambiar a otra habitación con ventanas?
我可以換一間有窗戶的房間嗎？

¿Cuánto cuesta una noche?
一個晚上多少錢？

¿Tiene habitaciones más baratas?
有比較便宜的房間嗎？

¿Podría dejar mi maleta aquí?
我可以把行李放這裡嗎？

La calefacción/el televisor no funciona/está rota(o). ¿Puedo cambiar habitación?
暖氣/電視不能用。我可以換房間嗎？

¿Me podría poner una cama más en la habitación?
可以請您在我房間加 張床嗎？

¿Tiene el servicio de lavandería?
有提供洗衣服的服務嗎？

▲P代表民宿(Pensión)

▲H中間有個小小的S，是旅社(Hostal)的標誌

▲安達魯西亞省旅館協會的標誌

飲食篇
Gourmet

在西班牙吃吃喝喝

到西班牙要入境隨俗，首先遇到的便是飲食問題，本篇就要告訴你西班牙
一天的飲食生活是如何進行，還要推薦你必吃的經典美食，以及便宜食物上哪找。

西班牙人一天的飲食清單

吃飯時間有學問,一日5餐

早餐 Desayuno(07:30〜09:00)

吃早餐的時間通常在上班前,吃得相當簡單,一杯咖啡牛奶,搭配烤麵包加橄欖油和番茄抹醬(tostada con aceite y tomate),或者是咖啡配甜點,如可頌(curasán)、巧克力夾心麵包(napolitana de chocolate)。

早午餐 Almuerzo(11:00〜12:00)

由於早餐與午餐間距較長,因此西班牙人工作到一個段落、肚子餓時,就會去點杯咖啡,並吃點簡單的三明治(bocadillo),或者吃點水果來補充體力,醒醒腦。

午餐 Comida(14:00〜16:00)

一天中最重要的一餐。從14:00開始,這段時間餐廳會湧入大量的用餐人潮,而許多西班牙人會回家吃午餐、休息之後再回到工作崗位上。在觀光區,許多餐廳會提前至12:00左右開始供應午餐,不用擔心餓肚子,還會提供本日套餐(Menú del día),價格較便宜,又能吃很飽。

下午茶 Merienda(17:00〜18:00)

下午5點,又到了喝咖啡吃甜點的時間,這段時間內很多咖啡廳都擠滿了人,有些熱門的蛋糕店還需要排隊抽號碼牌才能進去。熱愛甜食的人,在西班牙有很多種蛋糕(tarta)及傳統糕點可選擇。

晚餐 Cena(21:30〜00:00)

晚餐約在晚上9點後,許多餐廳約8點就開始準備晚餐,太早去的話可能會撲空,因為廚師都還在休息。西班牙人的晚餐不一定會吃得很豐盛,可能喝些啤酒(cerveza)或生啤酒(cañas)、單點小吃(Tapas),或點一份小吃(ración)大家共分,和朋友聊天,紓解一下工作壓力,有些人會把這視

爲晚餐前必喝行程，也有些人直接把這當成晚餐。

圖片提供／林家竹

TAPAS

「Tapas」可以算是爲了喝酒所準備的下酒菜，有冷食也有熱食，分量不太多。「Tapa」在西班牙文是「蓋子」的意思，以前的Bar大多設在路邊，因爲西班牙的酒味道甜美，總會招來一些小蟲子，喝酒聊天的西班牙人爲了避免風沙和蟲子跑進酒裡，所以會拿個蓋子或小盤子蓋在酒杯上，盤子上可能會裝有一些生火腿片、橄欖或腸子切片等等。

現在我們看到的Tapas，其實就是將食物分裝成小盤的樣子，通常在Bar裡面較常見，但也有些餐廳的菜單上可見同一道菜有3種價格，分別爲Tapas、1/2 Ración（半份）、Ración（一份），就是以食物的量來分別，想要多吃幾種菜，不妨嘗試點點Tapas喔！

路上觀察 一攤接一攤，感情不會散！

這是一種西班牙特有的文化，通常會在Bar才出現，一群好友相約一起至Bar喝酒吃Tapas，通常會在此點一杯酒(紅酒、白酒或啤酒)，配上幾盤Tapas，然後再換下一家，同樣點酒和Tapas小菜，就這樣一個晚上跑好幾家Bar。若有機會跟西班牙的朋友一起去，會發現到最後其實喝的酒遠多過於吃到的東西，可不要奇怪，因爲西班牙人就是這樣聯繫朋友感情的喔！

▲ Salir de Tapas，喝酒比吃Tapas重要

▲ 一人叫上兩盤Tapas，就足以吃的很飽

▲ 站在吧台吃也是一種特色

(攝影／王香文)

▲ 便宜又大盤的Tapas，配上麵包和西班牙水果酒(Sangría)

▲ 有些Tapas餐廳會將食物擺出來，用比的就可以點菜

▲ 在Bar點餐，通常都會先送上飲料，有時還會附上一小盤橄欖

行家祕技　餐廳用餐程序

▲可以參考餐廳
門口的Menu

在西班牙吃一頓正式的飯，會包括：開胃菜、第一道菜、第二道菜、甜點、飲料。用餐程序如下：

1 Step 先點飲料 La Bebida

服務生來遞菜單時，會直接詢問要喝什麼飲料。一般人都會喝啤酒或紅、白酒，若不喝酒類也可以點水、可樂等等。通常飲料不會列在菜單上。若想要點其他葡萄酒，可隨後等點餐的時候再一起點。

2 Step 開胃菜 Aperitivo

開胃菜通常為火腿或乳酪等，可以點一盤大家一起分著吃。

3 Step 第一道菜 Primer Plato

為比較簡單的料理，可以點沙拉、湯等等，或是海鮮飯、義大利麵。

4 Step 第二道菜 Segundo Plato

主菜，通常為肉類或魚類的主食，也可以點選海鮮飯或義大利麵來當作主食(因海鮮飯和義大利麵有時會被擺在「第一道菜」)，基本上一人點一盤。

5 Step 飯後甜點及咖啡 Postre y café

主菜用完後，服務生會過來收拾餐盤，並會遞上甜點及餐後飲料的菜單，通常可以點蛋糕、冰淇淋等；飲料除了咖啡之外，通常也會有一些茶可供選擇。若吃不下，不點也沒有關係。

6 Step 結帳 Pedir la cuenta

要結帳時，可舉手請服務生過來，告知請其結帳(La Cuenta，Por Favor)，或是服務生看到時，直接舉手在空中做出書寫的動作，服務生就知道你要結帳了，會直接將帳單送過來給你。

7 Step 付款並給小費 Pagar y dejar propina

西班牙沒有強制個人要給小費的習慣，在大部分的餐廳即使不給小費，也不會被服務生白眼，但如果去服務周到的高級餐廳，真的很享受用餐氣氛和餐點，不妨按著你的心意留點小費吧！若是帳單上有標明「Servicio Incluido」，表示小費已包含在內，不需另外再支付。有些較好的餐廳在結帳完後，會送上幾杯酒(Chupitos)招待，不過通常酒精濃度很高，怕喝醉的人千萬不要勉強。

路上觀察 滿地垃圾的小酒館

晚上的小酒館常擠得水洩不通，站著喝酒的客人也就索性直接將餐巾紙丟在地上，到現在習慣成了自然，也形成了西班牙特有的酒館文化之一。但若是坐在餐桌旁或是在餐廳吃飯，可千萬不要「入境隨俗」喔！

便宜食物哪裡找

價格不貴又可吃飽，省一些旅費

小酒館

「Bar」主要是提供早餐、酒類和Tapas的地方，可以稱其爲「小酒館」（Cerveceria）。因爲西班牙人休息時間或下班後，總會喜歡到Bar喝杯啤酒，聊聊天，週四到假日的夜晚更是常常擠得水洩不通。而「Cerveceria」照字面翻譯其實是「啤酒屋」的意思，當然主要就是提供酒類的，但也會提供和Bar差不多的Tapas或餐點。服務生通常都只會先問你要喝什麼，所以先點好飲料之後，等服務生送上飲料再來點東西吃也不遲。

需注意，坐在吧檯和桌子的價格通常不一樣，桌子可能會較貴，可看到菜單上有分Bar（吧檯）和Mesa（桌子）兩種價格。另外，還可能有第三種Terraza（戶外餐桌），價格可能會更高一點。

速食快餐

除了我們知道的麥當勞、Burger King之外，也可選擇西班牙連鎖餐廳品牌：小三明治（bocata）專賣店100 montaditos、三明治（bocadillo）快餐店Pans & Company，咖啡廳則有Rodillas和Café y Tapas，這些店家通常點餐方便，價格不會太高，又可以吃得很飽，是很好的選擇。

超市

在超市（Supermercado）購買食物爲最便宜省錢的方式，西班牙有很多連鎖超市，最常見爲Carrefour、Mercadona、Día、Ahorramás、Lidl等。需自備購物袋，購買袋子要付€0.1～0.3不等。部分超市會在14:00～17:30左右休息，17:30以後才又開門繼續營業。

其中，Mercadona以品質優良著稱，全西班牙超過1,500間分店，提供日常用品、保養品、生鮮超市等多元產品。尤其自家品牌的商品價格都超便宜，連西班牙人也愛用到不行哦！

另外，英國宮（El Corte Inglés）超市的東西最爲齊全，可以在此找到一些外國進口的東西，也有已經做好的海鮮飯、煮蝦、西班牙蛋卷等，開放時間比照英國宮，中午不休息。大部分的超市假日沒有開，OpenCor是唯一在週日營業的超市，平常也營業至凌晨兩、三點，但價格偏高。近年來有些超市也會在週日營業，基本上在大城市比較容易遇到週日營業的店家。

雜貨商店

　　走在街上常常會不經意地見到一些雜貨超商（Alimentación），有些店的招牌甚至印有中文字，可以進去逛一下，這些商店通常是一些南美洲移民或中國移民所開，會賣一些簡單的麵包、食物、牛奶等等，但是要注意，價格不一定比超市便宜！在中國商店（Bazar chino）還買得到泡麵喔！

Alimentación為販售日常用品及簡單食物的雜貨店 ▶

便宜指數比較表（★越多表示越便宜）

餐廳種類	便宜指數	特色	參考價格
一般餐廳	★	從酒類、前菜、第一、第二道菜至甜點樣樣齊全，想要犒賞自己旅途的辛勞，可以選擇至餐廳好好享用一番	從前菜至甜點每樣菜都點，單人價格大約在€25～50不等，依照餐廳等級而不同，價格也會隨之調整
小酒館	★★★★	熱情的吧檯人員，吵雜的小酒館，與西班牙人的生活密不可分，是最能讓自己融入西班牙文化的地方	飲料(紅酒、啤酒、汽水)：€1.5～2.5 Tapas：€1.8～3 Bocadillo(大三明治)：€2.5～4
連鎖商店	★★★★	多為套餐方式，通常都有圖片介紹，點餐方便	麥當勞、Burger King：套餐大約€8～10 土耳其袋餅類：套餐約€5左右
超市、雜貨商店	★★★★★	各種食材皆有，可以購買麵包、起司、火腿片、乾糧等。自己製作三明治隨身攜帶，是比較節省的方式	牛奶：€0.5～1.5 吐司：€0.8～2 火腿片：€1～2.5

※以上價格皆為參考，依不同城市、物價會有不同的價格(製表：李容菱)

應用西班牙語ABC

應用單字

Tostada／麵包
Paté／肉醬
Mermelada／果醬
Mantequilla／奶油
Chorizo／香腸
Café solo／純咖啡，不加牛奶
Café con leche／咖啡牛奶
Ensalada／沙拉
Ensalada mixta／綜合沙拉
Sopa／湯
Gazpacho／西班牙番茄冷湯(杯)
Salmorejo／西班牙番茄冷湯(碗)
Paella／海鮮飯
Arroz negro／墨魚飯
Mariscos／海鮮
Gamba／蝦
Ternera／牛肉

Cerdo／豬肉
Cordero／羊肉
Pollo／雞肉
Pato／鴨肉
Costilla／肋排
Verduras／蔬菜
Ajo／蒜
Cebolla／洋蔥
Lechuga／生菜
Cava／西班牙氣泡酒
Vino blanco／白酒
Vino Tinto／紅酒
Cerveza／啤酒
Zumo／果汁
Agua con gas／氣泡水
Agua sin gas／不含氣泡的水

實用會話

Quiero este.／我想要點這個。

Quiero reservar una mesa, tenemos cuatro personas.
我想預約一張桌子，我們有4個人。

¿Qué nos recomienda?　Una cerveza, por favor.
你可以推薦嗎？　　　　　請給我一杯啤酒。

Para llevar／Para tomar aquí, ¡ gracias!
我要外帶／內用，謝謝。

¿Dónde está el supermercado más cerca?
請問最近的超市在哪裡？

La cuenta, por favor!／Cóbrame.
請給我帳單。／請幫我結帳(在Bar可用此句)

Dame un vaso de agua, por favor!
請給我一杯水。

Quiero un café con leche.／¿Me pone un café con leche?
我想要一杯咖啡加牛奶。

不可不嘗的西班牙食物

豐富物產與多元文化交織的美食饗宴

番茄冷湯 Gazpacho

西班牙夏天酷熱，所以一般人喜歡喝這種番茄冷湯來消暑，以番茄爲主要的內容物，加入不同蔬菜和橄欖油打成汁以後，冰起來食用，味道有點像我們的健康蔬果汁。

西班牙海鮮飯 Paella

瓦倫西亞「海鮮飯」名冠全國，用新鮮的海鮮、肉類，搭上蔬菜，再配上番紅花當香料，以大型平底鍋燜煮，煮越久越好吃喔！而番紅花是讓飯粒呈現金黃色的重要元素。

馬鈴薯烘蛋 Tortilla de Patatas

最典型的西班牙蛋卷是以煮過的馬鈴薯加上蛋汁，再用平底鍋煎的，除了基本的口味之外，有時也會加上青椒、紅椒、洋蔥或洋菇等。

橄欖 Aceituna

西班牙是世界上數一數二的橄欖生產國，除了在Bar可以吃到之外，超市也可買到橄欖罐頭。

西班牙油條 Churros

西班牙特色點心，口感類似吉拿棒，較粗的叫Porras，跟台灣油條很像，適合沾熱巧克力吃！

乳酪 Queso

以牛乳、羊乳、山羊乳等各種乳類製成，口味非常豐富多種。

醃製鯷魚 Boquerones en vinagre

將鯷魚和醋、橄欖油醃在一起，口感十分特別，也是相當道地的下酒菜。

貼心 小提醒

買水果，傳統商家不能自己挑選喔！

想要買水果的話，可以在傳統市場或是一般專賣水果的店家買到。傳統市場通常較為便宜，但要注意有些商家不能讓你用手挑選水果，這種店家一般是直接跟老闆說要哪種水果，要幾個，老闆會直接選給你。但是就要碰運氣看看老闆的良心囉！

伊比利亞火腿 Jamón Ibérico

西班牙代表性美食之一，可買到較便宜的火腿，作成三明治吃，而真正高檔的伊比利亞火腿一條可是價值不菲！許多西班牙人家中都會備有一隻火腿，每天慢慢地享用。

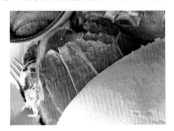

加利西亞章魚 Pulpo a la gallega

由於加利西亞漁獲豐富且新鮮，所以到加利西亞一定要吃章魚，肉質鮮嫩又肥美。

聖地雅哥蛋糕 Tarta de Santiago

聖地雅哥蛋糕是加利西亞自治區的傳統糕點，濃郁的杏仁口感是其吸引人的祕訣。朝聖路上的朝聖者特餐（Menú del Peregrino）通常會提供這道甜點。除了聖地雅哥的Rúa San Francisco街上多間蛋糕專賣店有之外，西班牙各地超市也都有在賣，可買來當伴手禮。

西班牙黑血腸 Morcilla

布爾戈斯最著名的黑血腸,非常好吃,後勁很強,適合配一杯啤酒吃。

咖啡牛奶 Café con leche

西班牙人每日必喝的咖啡牛奶,其實就是Expresso加上熱牛奶,和拿鐵不一樣的是,西班牙的咖啡牛奶沒有奶泡,順口不苦澀,不論早餐、午餐後或下午茶,都很適合,因此西班牙人很常約去喝咖啡(tomar café)。

馬德里燉菜 Cocido madrileño

將豆類、肉、蔬菜燉在一起,味道鮮甜且營養豐富,若中餐吃這道,會一直飽到晚上。

帕德隆青椒 Pimiento de Padrón

帕德隆青椒加上粗鹽烤,簡單的調味能夠吃出青椒的美味,每個青椒的外觀都相同,但有的辣,有的卻不辣,肉眼看不出來,只能用吃的來嘗試!吃到辣的青椒就像中樂透一樣。

辣醬薯條 Patatas bravas

西班牙經典Tapas之一,各地都能享受這道國民小吃,尤其在馬德里最受歡迎。微辣的番茄醬加上現炸薯條,搭配冰涼的啤酒真是絕配!

烤麵包番茄抹醬 Tostada con tomate

西班牙常見的早餐,現磨的番茄抹醬加上橄欖油攪拌均勻,再淋在熱騰騰的切片長棍麵包上,又香又健康!

購物篇
Shopping

西班牙哪裡最好買

哪裡最熱鬧、什麼是必買的物品、如何付款、如何退稅，
都是購物必備知識，而這些知識與辦理方法，本篇統統告訴你。

西班牙購物要點

兩大折扣季，是搶購的好時機

營業時間

一般比較傳統的店家，大約都在10:00左右開門，營業到14:00左右，會關上門休息一段時間，自17:00再開始營業到21:00；週六可能只開上午的時間，週日不營業。而大型商店例如英國宮百貨公司下午是不休息的，會直接營業到晚上。夏天和冬天營業時間可能會有一點不一樣，可以注意一下店家門口的營業時刻表（Horario）。

HORARIO DE APERTURA
LUNES A SÁBADOS
MAÑANAS: 10.30 A 14.00 H
TARDES: 17.00 A 20.30 H

商店營業時間公告

攝影 / 邱宗翎

付款方式

大部分的商店都可以使用信用卡付款，但要注意，在西班牙刷卡時，須出示身分證明文件，所以彩色的護照影本要記得隨身攜帶，不然店家可能不會讓你刷卡。刷卡後，信用卡公司會以刷卡當天的匯率換算成台幣來併入帳單。所以在出國前，一方面要先確認一下自己的信用額度，另外一方面也要注意繳款的期限和方式，看是否由銀行帳戶直接扣款或請家人代繳。

目前可以使用旅行支票直接付款的商家並不多，必須在有標示「Travel Cheque」的店家才可以使用。

折扣期間 Rebaja

西班牙統一的折扣時間，夏季為7月1日～8月底，冬季為1月～2月底。在這段時間內，每家店都會有折扣出清當季的商品，並準備推出新的商品。折扣有時可以到3折或5折，是撿便宜的大好機會喔！折扣期過了大約半個月到一個月左右，有些店會推出二次折扣（2ª Rebaja / Segunda Rebaja），針對已經減價的衣服再打折，不過越接近折扣期尾聲，有打折的衣服數量會漸漸減少，尺寸也不齊全了，同時也看到新商品都已上櫃。所以雖然折扣期有兩個月，但要真正撿到便宜、品質好的衣服，最好還是早點去喔！

暢貨中心 Outlet

如果想找便宜的名牌貨，可以到Outlet進行大採購，折扣通常會到5折，甚至更便宜。特別介紹馬德里的Las Rozas Village和巴塞隆納的La Roca Village，兩家屬於同一個集團。每一間店面都有會說中文的店員，不用擔心語言不通。

▲ 馬德里的Las Rozas Village Outlet

Outlet名稱	交通方式
馬德里 Las Rozas Village	1.在Moncloa公車轉運站搭乘625、629號公車 2.在Plaza de Oriente搭乘專車(需預約)
巴塞隆納 La Roca Village	1.在Sants車站搭近郊火車到Granollers Centre站，再轉巴士到La Roca Village 2.在Passeig de Gracia 6搭乘專車(需預約)

行家祕技　西班牙知名品牌

■**LOEWE**：西班牙著名的皮件、皮包和高級時裝品牌，也包括男、女裝、絲巾、香水等商品，單價依舊很高，但可能在Outlet會挖到價格親民的商品也說不定！

■**ZARA**：西班牙Inditex集團旗下的平價時尚品牌，雖然台灣也有很多店面，但西班牙的貨較齊全，也較便宜。Inditex的其他服飾品牌還有：Massimo Dutti、Bershka、Oysho、Pull and Bear、Stradivarius、Uterqüe以及Lefties。

■**CAMPER**：西班牙休閒鞋品牌，因舒適耐穿、款式設計新穎、用色大膽而享譽全球，台灣也有分店，但西班牙Outlet不定時會有5折以下的優惠。

■**Adolfo Domínguez**：同名設計師的品牌，在全世界各地有3百多家分店，有男、女裝和皮件。

■**Mango**：西班牙第二大服飾品牌，服飾以時尚、都會感為主，台灣目前只有代理女裝，但是在西班牙可以買到男裝(Mango Men)和大尺碼的副牌Violeta by Mango。

■**Tous**：西班牙著名的珠寶品牌，自1920年創立以來，珠寶一直是他們的主力商品，近年也推出包包、手錶、香水等商品。珠寶價格偏中高價位。

■**Desigual**：女裝用色鮮明、大膽的幾何圖案和設計是Desigual最知名的地方，而男裝則是在低調中巧妙融合了它的品牌精神，也相當有趣。

■**Custo Barcelona**：巴塞隆納設計師Custo Dalmau的品牌，色彩鮮豔的民俗風圖騰是品牌靈魂所在。

■**Bimba y Lola**：姐妹花Uxia和Maria創立的年輕女裝品牌。風格多為明亮誇張的色彩、大膽的設計感，兼具獨特幽默感與實用性，不貴的價格讓這個成立不到15年的品牌紅遍歐洲。

■**Purificación García**：成立於1995年，屬於高級時裝品牌，包括男女裝、飾品、皮件等都深受時尚圈喜愛，其中以摺紙包最受歡迎。在包面上有著優雅摺紙痕，在低調中有著十足時尚感，價格親民也是熱賣的原因。

特色紀念品

皮革製品

西班牙的皮革製品(Piel)品質絕對有保證，若想要購買皮衣、皮包、皮靴，來西班牙買絕對沒有錯。

橄欖油

西班牙盛產橄欖，生活也絕對離不開橄欖，除了會以醃橄欖來當小菜之外，橄欖油(Aceite de oliva)更是重要，早餐的吐司可以只淋上橄欖油配鹽巴、生菜沙拉配橄欖油，還有許多做成罐頭的食品都是醃在橄欖油中。不過一大罐橄欖油不方便攜帶，可找小包裝，比較適合攜帶及送禮。

▲ 各式各樣的橄欖油 (攝影／邱宗翎)

手工藝品

較為著名的手工藝品(Artesanía)有西班牙扇子、披肩、馬賽克磁磚等等，經典的扇子除了扇骨有雕花，扇面還常會以手工畫上美麗的圖樣，既方便攜帶又不會太貴，很適合當紀念品。而繡花披肩也多是手工繡製，看起來雍容華貴。馬賽克磁磚在安達魯西亞較多，到處都能買到好看的手工磁磚，也可以找到做成磁鐵的磁磚。

▲ 安達魯西亞到處都能買到好看的手工磁磚

西班牙特色磁鐵

各式精美造型的城市磁鐵絕對是必買紀念品，有木製、陶瓷製、金屬製磁鐵，都非常精美。此外，美食磁鐵也很有趣味，買回家貼在冰箱上，

西班牙3大城市購物點

不管在哪個城市，市中心絕對是當地的購物區，以下列出西班牙3大城市的購物區及特色購物地點。

	主要購物區	購物特色	購物地點&時間
馬德里	市中心購物區	手工藝品、時裝、皮件店皆有	太陽門附近(Puerta del Sol) 格蘭大道(Gran Vía)
	Serrano街	名牌時尚區	地鐵站Serrano站(4號線)
巴塞隆納	市中心購物區	商家齊全，各大服飾店、鞋店、皮件店等皆可在此找到	自Av. Diagonal延伸到加泰隆尼亞廣場(Plaça Catalunya)
塞維亞	市中心購物區	式商店、手工藝品店皆有	蛇街(Calle Sierpes)及Calle Tetuán以及Plaza Encarnación附近
	跳蚤市場	專賣二手物品，店家也會出來擺攤	Calle Feria，週四上午

就能回想起當時在西班牙旅遊的美好回憶。價格約€2.5～4之間。

購物篇

行家祕技　西班牙購物禮儀

■ **進店門先打招呼**：一進店門，通常店員會直接跟你打招呼，不要忘記回個禮，說聲「¡Hola！」(哈囉)或是「¡Buenos Días！」(日安)，離開時說聲「¡Gracias！」(謝謝)或「¡Adiós！」(再見)，這是基本的禮貌！也讓店家有個好印象，不會覺得你是個討厭的觀光客，在服務上說不定更好喔！

■ **擺設好的精品勿自己拿**：架子上擺設好的精品，盡量不要隨便動手摸，若有需要可以請店員拿給你，或是詢問店員是否可以拿下來看。

■ **尊重定價不殺價**：西班牙並沒有殺價的習慣，而且殺價表示對他們所訂的價格不信任，是很不尊重且沒禮貌的。所以在購買衣服或精品時，千萬不要使出在台灣的市場殺價的招數，若想要買到便宜的價格，還是必須等到每年的折扣期才有可能囉！除非是在跳蚤市場，因為是購買二手貨，就有殺價的空間，甚至老闆自己會馬上降低價格，只怕你不買！

■ **試穿衣服前先拿牌子**：這是在某些店才有，在試穿間門口會有一個櫃檯，通常試穿過不適合的衣服，出來時就交給櫃檯的小姐即可。而有些店家會在你進去試穿前，詢問你有幾件衣服要試穿，並拿號碼牌給你，譬如要試穿5件就會拿數字5的號碼牌。試穿完後將號碼牌及不買的衣服一併交給櫃檯，要買的拿在手上，櫃檯小姐會數總共的件數。

路上觀察　西班牙最大的百貨公司

英國宮百貨公司(El Corte Inglés)

創辦人Ramón Areces Rodriguez在1935年買下當地裁縫店，後成長為西班牙最大的百貨公司。中文通常稱其「英國宮」，其實El corte在西班牙語意為「剪裁」(La corte才是

宮廷，乃名詞陰陽性之差別)，正確譯名為「英式剪裁百貨公司」。

放假絕不會慢人家一步

西班牙人很注重假期的，很少看到一年365天每天都營業的商店，尤其是在炎熱的8月，

會發現很多店家都關門度假去了，去哪裡了呢？當然是去海邊玩囉！

▲ 圖上寫著：放假不營業——我們去海邊了，9月再見囉！

西班牙衣＆鞋尺寸換算表

女性服飾		S	M	L	XL
日本		S	M	L-O	XO
歐洲		36	38	40	42
美國		4-6	8-10	12-14	16-18

男性服飾	XS	S	M	L	XL
日本		S	M	L-O	XO
歐洲	44	46	48-50	52-54	56-58
美國	34	36	38-40	42-44	46-48

女　鞋									
台灣	66	67	68	69	70	71	72	73	74
日本	21.5	22	22.5	23	23.5	24	24.5	25	25.5
歐洲	34.5	35	35.5	36	36.5	37	37.5	38	38.5
美國	4	4.5	5	5.5	6	6.5	7	7.5	8

男　鞋							
台灣	74	78	80	82	84	86	88
日本	24.52	25.5	26.5	27.5	28.5	29.5	30.5
歐洲	39.5	41	42	43	44.5	46	47
美國	7	8	9	10	11	12	13

必備伴手禮

除常見紀念品外,其實西班牙保養品或日常用品的品質也相當優,推薦10大實用伴手禮,提供不同的送禮選擇,自己留著用也很適合。

陶瓷字母

陶瓷字母(Letras de azulejos)在西班牙的用途多為門牌和特殊標示。許多紀念品店都能買到陶瓷字母,可以將自己的名字用陶瓷排列,讓家裡的擺飾增添些許安達魯西亞風味,或自製西班牙風格的門牌。除字母外也有數字和可愛的圖案。

星巴克城市馬克杯系列

西班牙的主要城市中都有星巴克,而各國和主要城市都會推出專屬的城市馬克杯。4大主要城市馬德里、巴塞隆納、塞維亞、瓦倫西亞,以及2大海灘觀光城市馬拉加(Málaga)和阿里坎特(Alicante),皆有各自的城市馬克杯,上面的圖案是當地著名的景點,西班牙經典款國家馬克杯則是有唐吉軻德的圖案。

Deliplus 橄欖油乳液

西班牙橄欖產量極多,除橄欖油外,當然有各式以橄欖製造的商品,其中,Mercadona旗下Deliplus的橄欖油乳液,堪稱西班牙人日常必備保養品,能維持肌膚彈性、防止肌膚乾裂、減少細紋產生,是俗擱大碗的美膚首選。也有荷荷芭油、摩洛哥堅果款,適合每天使用。

Suavina 護唇膏

創立於1880年的Suavina是西班牙知名百年護唇膏品牌,獨家草本配方是品牌屹立不搖的關鍵。標榜純天然、不油膩,造型可愛又好攜帶!熱銷款配方為100%天然精油與草本植物精華調配,可修復、保濕乾裂的雙唇。護手霜也超級好用,西班牙各大藥妝店皆可買到。

Juanola 潤喉錠

創立於1906年的潤喉錠品牌,起源於巴塞隆納一間藥局的藥方,沒想到大受歡迎,初期曾創下單年賣出兩萬盒的紀錄。經典甘草口味(Regaliz)是系列商品的主成分,此外也有薄荷(Hierbabuena)、茴芹(Anís)等口味,西班牙各大藥妝店都有。

Hornimans 茶包

由英國商人John Horniman在1826年創立的茶葉品牌，秉持有機和環境保護的概念，嚴選世界各地茶種，已有近200年的歷史，在西班牙極受歡迎。西班牙人最愛的是洋甘菊茶（Manzanilla），睡前喝可舒緩緊張情緒，西班牙人腸胃不舒服或感冒時也會喝洋甘菊茶哦！

Alpargatus 草編鞋

創立於2013年的年輕草編鞋品牌，將傳統草編鞋加上大膽的色彩和時尚設計，因此聞名世界。從里歐哈（La Rioja）擴展至馬德里、巴塞隆納，進而遍布西班牙各地。全手工製造，除了舒適度滿點外，也很環保，以棉花與黃麻製成，也有雨鞋等款式，一年四季都適穿。每一雙手工草編鞋上都有Alpargatus的商標，代表西班牙手工藝品質保證。

Lepanto 馬卡龍小羊皮零錢包

馬德里市區40年的老字號Lepanto皮件店，近年轉型為購物中心，讓各大知名品牌進駐，提供物美價廉的伴手禮——色彩繽紛且

伸縮自如的馬卡龍小羊皮零錢包。各種顏色陳列在店中，像極可口的甜點。以手工製作，送禮自用都合適，除了放零錢，也能用來收納小物。

✉ Plaza de Ramales, 2, Madrid
➡ 最近地鐵站：2號線Ópera站

Pravia 草本香皂

1905年創立於阿斯圖里亞自治區的天然香皂品牌，自1925年開始成為西班牙皇室指定使用香皂，也讓該品牌聲名大噪，價格親民，各大超市和百貨都買得到。草本香皂（Jabón Heno de Praia）聞起來有青草、田野的香味，可以用來清潔、保濕全身肌膚，適用各種膚質。除了香皂外也有洗髮精、沐浴乳等產品。

La Violeta 紫羅蘭糖

創立於1915年的La Violeta是馬德里的糖果老店，熱門商品有紫羅蘭糖、天然紫羅蘭花糖、太妃糖，以及紫羅蘭糖漿、香精等。精緻的紫色鐵盒包裝加上可愛的紫羅蘭糖，會讓少女們興奮不已！西班牙國王阿豐索八世也曾賞賜紫羅蘭糖給皇后維多利亞以及他的地下情人。除零售外，也有提供婚禮、受洗的賓客禮盒。

✉ Plaza de Canalejas, 6

辦理退稅

西班牙的商品售價都已包含了附加稅（I.V.A.），依據商品不同，最高會收到13.79%的稅，但是非歐盟會員國的外國人士不需要繳交此稅金的，所以辦理退稅是件相當重要的事，可以幫自己省回一些錢。

西班牙現在已無退稅門檻，任何金額都可以退稅，前提是商家的店門口需貼有「Tax Free」的標誌，且要注意退稅手續費及各店家規定。一般來說，退稅可以在機場直接領回現金，是比較快的方式；也可以用信用卡退稅，但信用卡退稅必須要多等3～5個月，才有可能拿到。

退稅步驟Step by Step

Step 1 購物金額達到規定，請商家協助退稅

在可以辦理退稅的店家購物後，可請店家幫忙辦理退稅（Tax Refund），這時店家會拿出一張退稅單，寫上商品名稱和金額，以及可以退的金額。注意：辦理退稅的日期必須是在離開西班牙前3個月內。

Step 2 現場填寫退稅單，必須有護照號碼

商家填寫完畢貨品的資料後，會請你現場填寫你的英文姓名、護照號碼及地址，請注意，必須全部用英文填寫，地址也請填寫台灣住家的英文地址。另外，會有一格是「信用卡卡號」，可以先不用填寫，若最後要以信用卡退稅，再把信用卡號填寫上去。全部填寫完畢，店家會蓋上店章，並將退稅單裝在信封中交給你。

Step 3 自動退稅、人工退稅

將要退稅的物品集中放好，到機場劃位、託運前，先帶著蓋好章的退稅單及退稅物品，到退稅窗口進行退稅。要注意的是，退稅分成人工退稅和自動退稅，若退稅單上寫著DIVA，則為自動退稅，需至退稅窗口附近的退稅機掃描條碼，完成退稅；人工退稅可能會被抽驗退稅物品。

▲ 觀察退稅單上是否有DIVA的標示，有的話就要使用自動退稅機

▲自動退稅機可以選中文，只要掃描條碼即成功退稅

Step 4 託運行李

退稅完成後，就可以去航空公司櫃檯劃位和託運行李。

Step 5 入關後領取退稅金

依照退稅單上指定的退稅金融聯盟進行退稅，西班牙有Global Blue和Premier兩間。領取退稅金分成兩種，現金和信用卡：

現金退稅

建議選擇現金退稅，將蓋好章的退稅單交給窗口，可以領回退稅金，Global Blue是退歐元，Premier則是退美金。
- 馬德里機場退稅金領取處：各航廈的Global Blue和Premier。
- 巴塞隆納機場退稅金領取處：T1的Global Blue和Premier。

信用卡退稅

若現金退稅的隊伍排得很長，眼看登機時間就要到了怎麼辦？別擔心，這時只要將信用卡卡號填在每張已經由海關蓋好章的退稅單上，將退稅單正本連同收據一起裝在商家給你的信封中，封好投入海關旁邊的信箱即可。注意：副本自己要保留著，之後才可以憑此追查退稅金的下落。

貼心 小提醒

累積發票，退稅一次ok

雖然西班牙已無退稅門檻，但英國宮百貨公司的退稅消費金額門檻仍為€90.15，可以用累積發票的方式達到此金額限制，且不論在哪一間英國宮消費的發票都可累積喔！出境前1～2天再去辦理退稅即可，很人性化也很方便。

馬德里可以在地鐵站Sol附近或Calle Serrano 47的分店辦理退稅；巴塞隆納則可以選在Plaça de Catalunya附近的分店辦理。

先詢問海關相關規定

一般而言，在辦理退稅時，須持有登機證，且退稅的物品必須要在身邊以供查驗，但有時退稅海關只要依據你的訂位記錄(須出示訂位記錄紙本)，便可以辦理退稅(即不用先Check-in)。另外，海關也不一定會檢查退稅物品，建議至機場時先至退稅櫃檯詢問一下相關規定，可以為自己節省不少時間及拖奔行李到處奔波的麻煩(但要注意，若購買物品單筆金額過高，譬如單一項商品即超過€500，海關一定會要求查驗物品)。

可和同伴合資辦退稅

若一個人購買不到退稅的金額，可以跟朋友一起合作，湊到退稅金額後，再統一由一個人去辦理退稅，退下來的錢再分攤即可。但是要注意，若是刷卡的話，因為姓名會顯示在收據上，所以只有負責辦退稅的那個人可以刷自己的卡，其他要湊金額的人盡量以現金付帳，或是請負責的朋友先刷。因為有時海關會檢查收據，若發現有不同人的姓名在上面，就無法辦理囉！

購物篇

應用西班牙語ABC

應用單字 購物用語

Ropa／衣服	Quiero comprar este. 我想要買這個。	¿Tiene otro color? 請問有別的顏色嗎？
Blusa／女性上衣		
Camisa／襯衫	¿Tiene la talla más grande／pequeña? 有大一點／小一點的尺寸嗎？	¿Puedo pagar con tarjeta de crédito? 可以用信用卡付費嗎？
Abrigo／大衣		
Pantalón／長褲	¿Tiene (la talla) en número 38? 這件衣服有38號(尺寸)嗎？	¿Cúanto vale este? 這個多少錢？
Falda／裙子		
Zapato／鞋子	¿Puedo probar? 可以試穿嗎？	¿Se puede hacer el tax-refund / tax-free aquí? 這裡可以退稅嗎？
Bota／靴子		
Bolso／皮包	¿Dónde está el probador? 請問試穿間在哪裡？	Quiero hacer Tax-Refund / tax-free. 我想要退稅。
Abánico／扇子		
Mantón／披肩	¿Puedo ver ese? 我可以看那個嗎？	¿Dónde puedo hacer tax-refund / tax-free? 請問我可以在哪裡辦理退稅？
Joya／珠寶		

玩樂篇
Sightseeing

西班牙哪裡最好玩

到西班牙旅遊不可不知景點資訊，極富特色的城鎮、文化遺產以及佛朗明哥藝術文化，
閱讀本篇照著玩，你將擁有一趟最精采的西班牙之旅。

不可錯過的3大節慶

多樣的城市風貌，文化藝術的聚集地

塞維亞佛朗明哥雙年展
La Bienal de Flamenco de Sevilla

http www.labienal.com

佛朗明哥起源自西班牙南部安達魯西亞，2008年名列聯合國教科文組織非物質人文遺產。佛朗明哥雙年展是國際表演藝術和佛朗明哥圈的重要活動，除演出外，也有展覽、論壇、青年工作坊等活動，於塞維亞每兩年舉辦一次，首屆於1980年舉行，過去30年間已舉辦18次。

每隔兩年的9月，塞維亞便化身佛朗明哥中心，許多大師級的作品都會在這裡首演。過去的得獎者如Israel Galván、Rocío Molina、Patricia Guerrero、Eva Yerbabuena……等，都是現今影響西班牙甚至是國際佛朗明哥重要的舞者。

行家祕技　**¡OLÉ!**

不同於觀賞古典音樂的正襟危坐，欣賞佛朗明哥表演時，可適時替台上演出者加油打氣。「¡Olé!」(音：歐壘)是最常見的助喊詞，讓演出者知道你感受到他們的努力，進而更加投入地演出，常見用語還有「¡Guapa!(水啦)」、「¡Cariño! (小甜心)」、「¡Eso es! (丟系安內啦)」等，若仔細聆聽，會發現台上演出者也常互相吶喊鼓舞同伴喔！

對佛朗明哥還停留在甩甩花裙、頭上插朵玫瑰花的你，歡迎到雙年展深入了解佛朗明哥不同的面向，從傳統到創新、實驗性質且挑戰觀眾視覺神經的新佛朗明哥，讓你一次看過癮。

▲ 佛朗明哥雙年展主要演出場地羅培德維加劇院(**Teatro Lope de Vega**) (以上圖片提供 / 許嘉倩)

豆知識

什麼是佛朗明哥?

佛朗明哥早在中世紀的西班牙音樂已有跡可循,爾後深受吉普賽文化影響,經歷黃金年代、戰爭洗禮,演變成今日的佛朗明哥。節奏大部分使用不規則複合拍,歌詞抒發小至雞毛蒜皮、情愛糾葛,大至生死、政治議題。它是詩歌、是歌手發自靈魂深處的吶喊、是舞者皺著眉舞動,是吉他手蒼勁有力地刷弦,也因源自於社會底層,因此更易觸動人心達到共鳴。

佛朗明哥演出的組成

基本的佛朗明哥是由歌(cante)、舞(baile)、吉他(guitarra)3大元素共同組成,擊掌(palma)也是不可或缺的元素,偶會見到來自古巴的音箱鼓(cajón),或其他樂器加入。台上的每個人都代表一種樂器,無固定美學形勢主導,歌手嗓音或清亮或沙啞;舞者身材不拘、年齡不限,70、80歲的舞者大有人在。吉他介於大調與小調間,為弗里吉安調(Phrygian);擊掌手則在兩手中間尋找共鳴區,分為高音(Alto)與低音(bajo)。

即興式的佛朗明哥

傳統西班牙小酒館(tablao)多為即興的演出方式,歌、舞與吉他各自有表現的時刻。看演出時,除了酒、隨著樂舞吶喊「Olé」之外,亦可近距離觀察台上演出者互動。

劇場型式的佛朗明哥

近年常見以傳統佛朗明哥為基礎加入故事或概念、加上燈光及舞台設計來表現,表演者積極主動地透過演出闡述理念。這類型演出在塞維亞雙年展中很常見。

佛朗明哥現在進行式

佛朗明哥至今仍不斷演變。前衛風格經常造成保守派與觀眾爭辯「這是不是佛朗明哥?」現在所謂傳統的佛朗明哥約是二次世界大戰後,流傳至今的表演型態,近距離地、段落組合式地,舞者須奮力踩踏,歌手須痛徹心腑地唱。相較於19世紀末的黃金年代,當代佛朗明哥百家爭鳴,大膽開創前所未有的多元化樣貌,似乎更接近當時盛況。

▲ 塞維亞佛朗明哥雙年展,開幕演出在鬥牛場中舉行
(圖片提供 / 陳柏因)

▲ 親密近距離的小酒館演出
(圖片提供 / 陳柏因)

馬德里同志大遊行
Madrid Orgullo

http www.madridorgullo.com

　　西班牙首都馬德里是LGBT族群友好城市，自1978年舉辦第一屆馬德里同志大遊行，至今已超過40年。每年6月底都會在市區主要街道舉行同志大遊行，並在丘威卡區（Chueca）舉辦各式主題派對、演唱會、高跟鞋賽跑等，以及超過50台花車遊行及同志平權活動。

　　西班牙2005年通過同性婚姻法，是全歐洲第一個通過該法律的國家。2007年遊行主題「馬德里歐洲同志遊行（EuroPride Madrid）」，是歐洲最重要的同志遊行；2017年滿40周年，主題為「馬德里世界同志大遊行（WorldPride Madrid）」，湧入超過300萬人，成為國際型同志活動。在馬德里的酒吧、咖啡、餐廳等，幾乎都標榜同志友好，也能看到男男、女女手牽手、擁吻，連紅綠燈都能看到同志友好的號誌哦！

路上觀察　西班牙重要的同志平權活動

巴塞隆納同志遊行
Pride BCN

　　每年6月底為期2天的巴塞隆納同志遊行也是西班牙最重要的性別平權遊行之一。

http www.pridebarcelona.org

巴達霍斯同志節
Fiesta de los Palomos de Badajoz

　　一開始是電視節目El Intermedio的主持人所號召的性別平等活動，但沒想到第一屆就獲得超大回響，湧入超過1萬人，也成為巴達霍斯和埃斯特雷馬杜拉自治區重要的年度活動。

http lospalomos.es

▲ 市政府前也擺上同志族群象徵的彩虹旗

▲ 馬德里的紅綠燈有男男、女女牽手的圖案

▲ 馬德里同志大遊行盛況 (圖片提供 / Imágen cedida por Cristián Pascual)

玩樂篇

瓦倫西亞火節
Las Fallas

http fallasfromvalencia.com

　　火節又稱法雅節，是瓦倫西亞最重要的慶典，將瓦倫西亞各項傳統緊密結合，包括超然的手工藝技術、刺繡、傳統服飾、音樂舞蹈等，獨裁時期甚至透過法雅木偶保存被禁說的瓦倫西亞語，如此重要的文化特質，因而被列入世界非物質人文遺產。

　　火節起源為瓦倫西亞木工們冬季時熬夜工作，在工作檯綁上蠟燭照明，稱作Parots，直到3/19聖荷西生日時，木工們便燒毀工作檯，慶祝聖荷西日和冬季工作期結束，後改成燒毀工作檯上的木材和舊衣物，再演變成現今精緻的法雅木偶。

　　每年3/15～19，整個城市街道、廣場展出超過400座夢幻卡通風格，和充滿諷刺政治意味的法雅木偶（Ninot），就像一間街頭美術館。3/1～19下午2點，市政府廣場（Plaza del Ayuntamiento）上

▲ 2016年慶祝火節名列非物質人文遺產，在廣場前搭建的Parots工作檯，當然也逃不了被燃燒的命運

會舉行大型煙火表演——Las mascletas，3/19則是焚燒法雅木偶（Cremá）的重頭戲（與聖荷西日同一天）。前一年拿到最佳法雅木偶的作品會在市政府廣場上被焚燒，象徵火節的高潮結尾，師傅們對此將深感驕傲，因為他們相信隔年會做出更好的作品。

▲ 細節精緻，美到令人歎為觀止的法雅木偶
（圖片提供 / Imágenes cedidas por Micah Orton）

▲ 許多法雅木偶甚至會有4、5層樓高喔

馬德里自治區
Comunidad de Madrid

多樣的城市風貌，文化藝術的聚集地

馬德里 Madrid

馬德里自1561年成為西班牙的首都，是政經中心也是藝術、表演藝術核心。馬德里的飲食文化、美術館、生氣蓬勃的現代藝術展覽，劇場生態和夜生活也相當豐富，更少不了各大節慶，如6月的聖伊西德羅節（Fiesta de San Isidro）、7月的性別平權指標——馬德里同志大遊行（Madrid Orgullo）。

🫘 豆知識

什麼是自治區？

西班牙在憲法劃分下，有17個自治區(Comunidad Autónoma)，類似「州」的概念，符合每個地區在社會及文化性上的自主性，自治區大部分都是由鄰近的省分(Provicia)所組成(其中有7個單一省分自治區)，且都有自己的首都負責教育、社會福利、觀光及城鄉發展。

Sol 地鐵站
（1、2、3號線）

太陽門廣場（Puerta del Sol）

在地鐵站Sol旁的太陽門廣場是馬德里人和遊客的會面點，有熊與草莓樹的雕像和零公里地標（K.M.0）。跨年和聖誕節活動都在此舉行，每年12/30和12/31都會有迎接新年的活動。從太陽門廣場還可以散步至皇家歌劇院、西班牙皇宮、主廣場，以及格蘭大道等熱門景點。

熊與草莓樹雕像 (Oso y el Madroño)

1967年建立的馬德里象徵性地標，出Sol地鐵站即能看到雕像。馬德里市徽也有熊與草莓樹的身影。據信在中世紀時，馬德里有很多熊，有熊的城市之稱；而草莓樹則需回溯到13世紀土地劃分衝突，馬德里最終獲得森林地，因此在市徽標上當時眾多的草莓樹爲象徵。

馬德里K.M.0地標

位於太陽門廣場上，是全西班牙公路網絡的中心點，也是遊客自拍的景點，腳踩K.M.0，見證自己站在西班牙的正中央。

主廣場 (Plaza Mayor)

超過400歲的馬德里主廣場是必參觀景點，廣場四周都是老牌咖啡廳和餐廳，在廣場上也常常有表演活動。

聖費爾南多皇家藝術學院美術館
(Real Académica de Bellas Artes de San Fernando)

聖費爾南多皇家藝術學院建立於1752年。美術館收藏大量西班牙當地畫家的作品，近3,000幅畫作和1,300座雕刻藝術品，逛上一整天可能都還看不完。其中哥雅的畫作館藏量僅次於普拉多美術館。

http ww.realacademiabellasartessanfernando.com
🕐 週二～日10:00～1500，每週一、8月、聖誕假期休館
ℹ️ 需現場購票

🟤 豆知識

跨年吃12顆葡萄引好運

西班牙的跨年習俗是倒數時刻吃12顆葡萄，馬德里會在太陽門廣場上舉行此活動。12/30會有給電視台轉播的預演(Pre-Uvas)，熱愛派對的西班牙人也會把握這天來喝酒玩樂，試吃12顆巧克力或是堅果(因爲不是12/31，所以不會吃葡萄)。等到12/31當天，約下午6點後便開始湧入人潮，近跨年時分會先敲4下預備鐘，之後正式開始倒數，跟著鐘聲，每敲1次鐘吃1顆葡萄(約3秒吃1顆葡萄)，順利吃完就會有新年度好運氣哦！

Ópera 地鐵站 (2、5 號線)

地鐵站Ópera附近有許多重要景點,步行時間都在5分鐘內,包括皇家歌劇院、馬德里皇宮、馬德里主教座堂。

皇家歌劇院 (Teatro Real)

建於1818年的西班牙皇家歌劇院,是歐洲最好的劇院之一,每季都有精采的歌劇演出,有時候還能觀賞彩排哦!對劇院有興趣的人也可以參考劇院導覽。

西班牙皇宮 (Palacio Real)

18世紀完工,曾爲國王住所,但西班牙國王菲立佩六世目前不住在這裡,平時對外開放,但若遇正式活動時則不對外開放。

聖母阿穆德納主教座堂
(Catedral de la Almudena)

馬德里主教座堂早在16世紀就已有興建計畫,但直到1883年才正式興建,也曾被西班牙內戰中斷過。雖然沒有西班牙其他主教座堂的歷史來得悠久,但馬德里主教座堂內部的氛圍依舊優雅。

玩樂篇

Banco de España 地鐵站（2 號線）

從此站可步行延伸至普拉多美術館、雷提諾公園、阿爾卡拉門。

阿爾卡拉門 (Puerta de Alcalá)

雷提諾公園前的阿爾卡拉門，是中世紀馬德里通往埃納雷斯堡（Alcalá de Henares）的古道，介於巴洛克和新古典主義風格之間。3個半圓拱門和2個過梁，皆為模仿羅馬凱旋門的建築方式。在此曾舉辦過許多大型活動，也是馬德里最具代表性的地標之一

普拉多美術館 (Museo Nacional del Prado)

普拉多是世界4大美術館之一，館藏包括哥雅（Goya）黑暗畫、維拉斯奎茲（Velázquez）的《侍女圖》（Las meninas）、葛雷哥（El Greco），以及歐洲許多大師們的作品。皆以油畫和雕塑品為主。

http www.museodelprado.es/en

ℹ️ 可上網預訂或現場購票，免費入場時段：週一～五18:00～20:00、週末及假日17:00～19:00

提森—博內米薩美術館 (Museo Thyssen-Bornemisza)

館藏皆為德籍收藏家提森—博內米薩的私人收藏，1993年被西班牙政府收購為國有，豐富且跨越世紀的收藏品讓該美術館成為馬德里藝術金三角之一。

http www.museothyssen.org/thyssen/home

ℹ️ 可上網預訂或現場購票，免費入場時段(限常設展)：週一12:00～16:00

💕 **貼心 小提醒**

美術館省錢撇步

馬德里美術館套票(Abono Paseo del Arte)票價為€28，能在1年間參觀普拉多美術館、蘇菲亞王妃藝術中心和提森—博內米薩美術館，在這3間美術館的售票處或網站上均有販售，使用該套票在其他的馬德里美術館也享有折扣。

西貝萊斯廣場 (Plaza de Cibeles)

馬德里另一個重要的地標是新古典主義建築的西貝萊斯廣場，以大理石雕像和噴泉組成，在廣場旁是西貝萊斯宮（Palacio Cibeles）。若皇馬足球隊贏球的話，會在此舉辦狂歡慶祝派對喔！

雷提諾公園 (Parque del Buen Retiro)

市中心的雷提諾公園有水晶宮和維拉斯界斯宮，目前為蘇菲亞王妃藝術中心分館，另有皇家天文館和玫瑰園，公園的主要景點還有雷提諾池塘，是民眾划船、曬太陽的好去處。每年5月底會舉辦國際書展（Feria del libro de Madrid）。

Chueca 地鐵站 (3 號線)

丘威卡區 (Chueca)

馬德里是西班牙最重視LGBT族群的城市，丘威卡也是歐洲著名同志區，每年都會舉辦馬德里同志大遊行，湧進百萬人參與，遊行期間，能看到各形各色的同志和支持人權平等的異性戀。週末晚上到處都是同志主題酒吧和同志旅館，享受舒適的同志友好氛圍，也有許多異國料理、高級餐廳。

聖安東教堂 (Iglesia San Antón)

在丘威卡區中，有座具有特色跟社會關懷的聖安東教堂，除教堂建築充滿歷史且壯觀外，在此有專門給寵物的祈福儀式，並提供給街友們一個棲身之地。

玩樂篇

Plaza de España 地鐵站 (3、10 號線)

馬德里的西班牙廣場區域也是眾多遊客熱愛的景點，除了廣場本身外，離德波神廟、電影街也都只有步行10分鐘左右的距離。

西班牙廣場 (Plaza de España)

寬敞的廣場上有塞萬提斯，及其筆下角色唐吉軻德、桑丘、唐吉軻德假想之情人杜希內拉的雕像，是觀光客必造訪之廣場。在廣場後方的西

班牙大樓（Edificio España）則是西班牙20世紀重要建築，經過多年閒置後，被西班牙RIU Hotel & Resorts集團買下改建成飯店，保留具有歷史價值的建築立面。

西班牙電影街
(Calle de Martín de los Heros)

著名的電影街上不但有超過30年歷史的藝術電影院（Cine Renoir），更有鑲著西班牙知名電影明星名字的磁磚，如潘妮洛普克魯茲、哈維巴登、

大導演阿莫多瓦等。快找找是否有喜愛的電影明星，合照留念吧！有時候還會在這裡碰到西班牙電影明星喔！

德波神廟 (Templo de Debod)

1960年埃及在興建阿斯文水庫期間，發現了許多神廟古蹟，在UNESCO呼籲下，西班牙政府協助搶救這些歷史古蹟，以利水庫興建工程。因此1968年埃及政府將這座西元2世紀的德波神廟捐贈給西班牙，感念兩國之間的情誼。神廟內部是小型考古博物館，目前因工程之故不對外開放。

Callao 地鐵站 (3、5 號線)

馬德里精華地帶，在此有許多店家和酒館，總是人潮眾多，要小心隨身財物哦！

格蘭大道 (Gran Vía)

格蘭大道是馬德里市區主要的購物街，有許多平價服飾品牌、LOEWE馬德里旗艦店、Primark旗艦店等，此外，這裡也遍布了電影院、酒館，以及音樂劇劇場。**注意**：Gran Vía地鐵站預計2019年4月重新啟用。

Lavapiés 地鐵站 (3 號線)

洗腳區 (Lavapiés)

洗腳區名稱的由來至今仍是個謎，據信在當年該區每逢大雨，溪水必暴漲，腳弄濕如同洗腳（Lavarse los pies），因此獲得洗腳區的奇妙稱呼。

▲ 街頭塗鴉藝術

▲ 瓦葉英克蘭劇場

洗腳區是馬德里最具文化融合的地方，能看到各式各樣的異國料理。也能在此看到眾多的街頭塗鴉藝術。

Legázpi 地鐵站 (3、6 號線)

當代藝術中心
(Matadero Madrid-Centro de Creación Contemporánea)

馬德里屠宰場占地寬廣，曾是20世紀西班牙主要的屠宰場，但從21世紀開始，因為衛生、城市發展等因素，屠宰場停止營業。2005年成立藝文表演中心，這裡有大型的裝置藝術展覽、戲劇、舞蹈演出，是馬德里看表演場所的最佳選擇。

Antón Martín、Estación del Arte (原Atocha)、Iglesia 地鐵站 (1號線)

文字區 (Barrio de las letras)

充滿文學氣息的文字區中，人行道上鋪著西班牙著名作家們的文字、詩詞，橫跨黃金時期、98思潮及27思潮。文字區中有很多歷史悠久的酒吧、好喝的苦艾酒（Vermut），和眾多道地的酒飲與餐點。

▲ 人行道上的詩詞

➡ 最近地鐵站：1號線Antón Martín站

▲ 文字區蓬勃的小酒館文化

索羅亞美術館 (Museo Sorolla)

除了美術館古典的建築外，也收藏西班牙知名印象畫派畫家華金羅亞（Joaquín Sorolla）知名的作品，他擅長用油畫呈現海浪、光線，美術館的採光設計也讓這些作品更具生命力。近幾年索羅亞美術館晉身西班牙最熱門的美術館之一。

http www.mecd.gob.es/msorolla/inicio.html
➡ 最近地鐵站：1號線Iglesia站，5號線Rubén Darío站，7、10號線Gregorio Marañón站
ℹ 現場購票，免費入場時段：週六(14:00開始)、週日

蘇菲亞王妃藝術中心 (Museo Nacional Centro de Arte Reina Sofía)

蘇菲亞王妃藝術中心館藏的亮點為達利的作品，以及畢卡索的代表作《格爾尼卡》（Guernika），特展也會展出歐洲當代藝術家的作品，展品內容豐富多元。

http www.museoreinasofia.es/en
➡ 最近地鐵站：1號線Estación del Arte站
ℹ 可上網預訂或現場購票，免費入場時段：週一、週三～六19:00～21:00，週日13:30～19:00

La Latina 地鐵站 (5號線)

拉丁區 (La Latina)

拉丁區是馬德里人聚會、喝啤酒和週末跑趴的地點，這幾年開始有許多新潮時尚的酒吧和餐廳進駐。主要景點有位於大麥廣場旁的大麥市場（Mercado de la Cebada），是馬德里最大的市場；聖方濟宗座聖殿（Basílica San Francisco El Grande），於18世紀完工；及著名的跳蚤市場（Rastro），每週日營業。

豆知識

311紀念碑

2004年3月11日早上，在馬德里多處火車站發生了炸彈恐怖攻擊，造成百人死亡。為紀念這些無辜的受難者，西班牙政府在事故發生地之一的阿多查車站，設置311受難者紀念碑(Monumento homenaje a las víctimas del 11-M)。

路上觀察　馬德里聖伊西德羅節

每年5/6～15是馬德里當地的聖伊西德羅節(Fiestas de San Isidro)，有一系列的慶祝活動，能看到巨人遊行，以及馬德里居民穿著傳統服飾跳著道地傳統舞蹈。

美味首選：花枝三明治

來馬德里一定要吃花枝三明治(Bocadillo de calamares)！現炸花枝圈再擠上濃郁的美乃滋，搭配熱騰騰的麵包，絕佳的口感成為在馬德里必嘗的花枝三明治。在主廣場附近有很多間花枝三明治專賣店，可在店內坐著吃，也可外帶邊走邊吃。

馬德里特色咖啡廳 & 酒吧

咖啡和酒吧是馬德里重要的生活哲學，也是馬德里人社交、聊天和度過夏日午後的據點，以下精選推薦12間具有馬德里歷史、人文的咖啡廳及酒吧。

La Dolores

✉ Plaza Jesús, 4 / ➡ 最近地鐵站：1號線Antón Martín站

位在文字區，酒吧外觀以傳統磁磚打造，獨特吸睛，吧檯則爲大理石打造。各式各樣的開胃小菜是 La Dolores的招牌。特別推薦這裡的啤酒，非常好喝！也是許多馬德里人心中最好的酒吧之一。

Bar Sidería El Tigre

✉ Calle de las Infantas, 25 / ➡ 最近地鐵站：5號線Chueca站

El Tigre是馬德里最熱門的聚會場所之一，位於市中心，價格親民且氣氛熱鬧，只要點1杯飲料，就會送上一大盤有「馬德里最大盤Tapas」稱號的綜合拼盤，有薯條、臘腸、雞翅等。絕對是省荷包兼填飽肚子的好選擇。

Mallorquina

✉ Calle Mayor, 2 / ➡ 最近地鐵站：1、2、3號線Sol站

1894年創立，至今爲第三代經營。位在馬德里太陽門廣場旁，除了地理位置佳，也吸引許多名人上門，如西班牙國王、魯本達利歐、西班牙諾貝爾文學獎得主拉蒙西梅內斯（Ramón Jiménez）等名人，都是這裡的常客。1

樓是吧檯區、2樓有提供座位，招牌是各式糕點，保證甜入你心。

Museo de Jamón

✉ Carrera de S. Jerónimo, 6 / ➡ 最近地鐵站：1、2、3號線Sol站

火腿博物館（Museo de Jamón）創立於1978年，爲何取名火腿博物館呢？因爲創辦兄弟檔認爲馬德里有知名的普拉多美術館，所以也需要一間火腿博物館，遂打造出懸掛大量火腿的主題酒吧。店內火腿來自西班牙各省，價格便宜、品質佳。共有5間分店，以太陽門廣場上的最受歡迎。

Casa Labra

✉ Calle de Tetuán, 12 / ➡ 最近地鐵站：1、2、3號線Sol站

創立於1860年的百年老店，棕紅色木門面具有時代感，1879年西班牙工人社會黨（PSOE）就是在這間酒吧裡創立的！Casa Labra有酒吧和餐廳，兩區的價格不同。推薦酒吧區，因座位少，時常大排長龍或是大家站著吃。最有名的是苦艾酒（Vermut）、炸鱈魚（Bacalao）和炸丸子（Croquetas）。

Café Gijón

✉ Paseo de Recoletos, 21 / ➡ 最近地鐵站：2號線Banco de España站

創立於1888年，是馬德里碩果僅存的茶聚會（Tertulia）風格咖啡廳，當年人民窩在咖啡廳內的大理石桌前談論政治、社會事件，以及朗讀詩歌，西班牙知名作家瓦葉·英克蘭（Ramón María del Valle-Inclán）也是常客。內部建築由大理石打造而成，顯出當年的精緻華麗感。也有許多畫作，像個小畫廊。

Taberna Ángel Sierra

✉ Calle de Gravina, 11 / ➡ 最近地鐵站：5號線Chueca站

創立於1917年的百年老店，是馬德里最具地標性的小酒館之一，位在丘威卡廣場。這裡最有名的是苦艾酒和各式各樣的Tapas。除了美食和絡繹不絕的人潮外，還有令人歎為觀止且充滿歷史感的裝潢，及各處精緻的小細節，值得細心感受。

（以上圖片提供 / Imágenes cedidas por Brais Villar Carreira）

Cafelito

✉ Calle del Sombrerete, 20 / ➡ 最近地鐵站：3號線Lavapiés站

店面不大的Cafelito，咖啡廳外觀是經典的棕色木門。除有好喝的咖啡和可口的蛋糕外，內部復古風格的裝潢也是看點。交換書籍是這裡的特色，歡迎帶走你喜愛的書，同時將從台灣帶來的書放在書架上，每個月都會有朗讀、文化相關聚會活動，是馬德里文青們最推的咖啡廳。

玩樂篇

Chocolatería San Ginés

✉Pasadizo de San Ginés, 5 / ➡最近地鐵站：2、5號線Ópera站

　　創立於1894年，店內擺滿名人簽名照，可見這間老店的魅力，其濃郁的巧克力加油條（Chocolate con churros）絕不可錯過。以前，當地人在劇院看完戲後，總會進店裡吃個熱騰騰的巧克力和油條，成為馬德里傳統；西班牙作家瓦葉‧英克蘭曾在劇作《波西米亞之光》中提到 San Ginés，使其聲名大噪。

Café Restaurante Robin Hood

✉Calle Nuncio, 19 / ➡最近地鐵站：5號線La Latina站

　　由神父Ángel García創立的羅賓漢咖啡廳。外觀看起來是間標準的西班牙式咖啡廳和餐廳，早上、下午正常供餐，再用這兩餐的收入，準備超

低價晚餐給街友和窮人，符合羅賓漢劫富濟貧的形象。每天至少提供100頓晚餐給需要的人，是馬德里市區中少見充滿社會關懷的咖啡廳。

Sala Equis

✉Calle del Duque de Alba, 4 / ➡最近地鐵站：5號線La Latina站

　　Sala Equis前身是春宮電影院Cine Alba，轉型成電影酒吧。保留當時電影院的結構，入口大廳的圓型劇場空間寬敞，是馬德里目前最時尚的酒吧之一，也是熱門拍照點。Sala Equis當然也放映電影，但現在不播情色電影啦，只播藝術電影。

La China Mandarina

✉Plaza de Cascorro, 17 / ➡最近地鐵站：5號線La Latina站

　　La Latina區曾有一條全是中國商店的街道，現已不存在，這間咖啡廳將當時該區域最具代表性的詞——「China」保留在店名中。菜單多元豐富，尤其店內愜意且慢活的氣氛，在忙碌的馬德里市區中有著獨特存在感。推薦在此吃頓早餐，享受美好早晨後再開始好好認識馬德里。

馬德里特色城鎮

聖羅倫佐埃斯科里亞爾
(San Lorenzo de El Escorial)

世界人文遺產

距離馬德里50公里的聖羅倫佐埃斯科里爾，有馬德里自治區中最美的聖羅倫佐修道院（Real Monasterio de San Lorenzo de El Escorial）。建於16世紀，國王菲力佩二世時期，是最能表現西班牙黃金時期強盛的建築作品。

鐘塔的灰色屋頂、修道院外觀冰冷的建築線條，表露莊嚴及神聖氣息，也更突顯內部華麗的裝潢。它是修道院，也是皇宮、寢室、教堂、神學院，也是一座美術館，教堂中的壁畫和穹頂畫很值得一看，屬於文藝復興時期作品。

➡️ 從馬德里出發，在Sol火車站搭乘近郊火車C-3，車程約60分鐘

路上觀察 馬德里市集(Mercadillos madrileños)

除了美術館外，馬德里市中心也有許多二手市集可以尋寶！

馬德里創意市集(Mercadillo del Gato)
🕐 無固定日期，聖誕節會有聖誕創意市集
➡️ 在地鐵Gran Vía站、Westin Palace飯店都有攤位

跳蚤市場(El rastro)
🕐 每週日08:00～15:00
➡️ 位於地鐵La Latina站(5號線)

二手市集(Mercado de motores)
🕐 每月第二個週末11:00～22:00
➡️ 地鐵Delicias站(3號線)，位於Museo de Ferrocarril

古著市集(Mercadillo vintage de Malasaña)
🕐 每週六12:00～20:00
➡️ 地鐵Tribunal站(1、10號線)，位於Plaza del Dos de Mayo

玩樂篇

埃納雷斯堡
(Alcalá de Henares)

世界人文遺產

為馬德里自治區第二大城市，意為「埃納雷斯河畔堡壘」。阿爾卡拉大學建立於1499年，為世界首創規畫完善的大學城市。《唐吉軻德》作者塞萬提斯出生於此地，因此埃雷納堡被視為塞萬提斯文學搖籃。

埃納雷斯堡主教座堂為哥德晚期和文藝復興風格，可爬上鐘塔觀賞整個城市的風景。另一景點為1602年即開幕的歷史庭院式露天劇院，現在已非露天造型，但內部裝潢仍保留原始結構，並仿真當年的設計。

➡ 從馬德里出發。**搭公車：**Avenida de América轉運站搭乘232、233號公車；**搭近郊火車：**在1號線Atocha Renfe地鐵站搭C7線往Alcalá de Henares

塞萬提斯之家
(Casa de Cervantes)

▲ 塞萬提斯在此出生，目前為美術館，外有唐吉軻德和桑丘的紀念碑

▲ 庭院式露天劇場(Corral de comedias)

▲ 阿爾卡拉大學立面
(Fachada de la Universidad de Alcalá)

帕多內斯
(Patones de Arriba)

總人口500人的帕多內斯，分成上半部(de Arriba)和下半部(de Abajo)，主要的特色建築和觀光資源在上半部。有原始的鄉村風景，村落建築由石板和礦石所組成，又稱黑色建築(Arquitectura Negra)。建議讓自己在石板巷弄中迷路，享受特殊美景；這裡也有美麗的山景，適合週末踏青健行。

➡ 從馬德里出發，在1、9、10號線Plaza de Castilla地鐵站外的轉運站搭197號公車，車程約50分鐘

欽瓊
(Chinchón)
西班牙美村

▲ 欽瓊主廣場(Plaza Mayor de Chinchón)

2017年入選西班牙美村，是馬德里自治區美村代表。其主廣場名列馬德里七大奇景。3層樓高的主廣場建築風格簡約，卻有不規則結構、木製柱廊，以及與藍天白雲形成對比的234個綠色陽台。在廣場旁餐廳和酒館用餐也是一種寧靜的享受。聖母升天教堂內有哥雅的畫作《聖母升天像》（La Asunción de la Virgen）。欽瓊的甜酒也是全西班牙知名，且一定要買當地名產——香氣濃郁的「蒜頭」，各類蒜頭製品都非常好吃。

➡️ 從馬德里出發，在6號線Conde de Casal地鐵站外搭637號公車，到Chinchón-Convento下車，車程約50分鐘

◀ 欽瓊城堡又稱公爵城堡(Castillo de los condes)，在西班牙獨立戰爭中付之一炬，之後未重建

阿蘭惠斯
(Aranjuez)
世界人文遺產

阿蘭惠斯距離馬德里47公里，以經過3個世紀才完工的皇宮，及18世紀時期建立的花園最受歡迎。皇宮的建築物、暖色調拱門、蜿蜒水道，以及大型巴洛克花園，都象徵人類與自然景觀間的平衡。皇宮、小島花園（Jardín de la Isla）、王子花園（Jardín del Príncipe）和教堂、修道院，雖見證西班牙中央集權歷史，卻不會給人權威感，反倒是優雅放鬆的情調。

此外，源自1984年的草莓列車（Tren de la fresa）是西班牙鐵路工業化象徵，春秋兩季從馬德里發車，當年車上提供草莓來安撫乘客緊張情緒的傳統延續至今。

➡️ 從馬德里出發，在Sol火車站或Atocha火車站搭乘近郊火車C-3，車程約45分鐘

▲ 聖安東尼歐教堂(Iglesia de San Antonio)

▲ 阿蘭惠斯皇宮(Palacio Real de Aranjuez)

玩樂篇

梅霍拉達德爾坎波
(Mejorada del Campo)

胡斯托主教座堂
(Catedral de Justo)

　　胡斯托主教座堂（Catedral de Justo）是該鎮地標，也是馬德里最特別的教堂，大部分由高齡94歲的胡斯托（Justo Gallego）獨立打造。胡斯托從1961年開始獨立興建夢想中的主教座堂，雖未受教廷承認，但完成它象徵其對信仰的見證。走進施工中的教堂，若看到胡斯托拖著年邁的身體在施工，參觀時請別打擾他，也不要跟他拍照喔！同時，也可金援這座獨特的宗教建築。

➡ 從馬德里出發，在4、6、7、9號線Avenida de América地鐵站，一旁的同名轉運站搭市郊公車282號，車程約30分鐘

皇家曼薩納雷斯
(Manzanares El Real)

　　皇家曼薩納雷斯離馬德里只有60公里，位於瓜達拉瑪國家公園、聖堤雅娜水庫和曼薩納雷斯河，好山好水的景色成為馬德里市民週末踏青去處。其中以建立於15世紀的中世紀城堡為主要景點，也是馬德里自治區中保存最好的堡壘之一，

除了雄偉外觀外，城堡內更珍藏大量17世紀的掛毯畫（tapices）。另外還有La Pedriza自然生態保護區，喜歡踏青、登山的人，可從皇家曼薩納雷斯徒步前往。

➡ 從馬德里出發，在1號線Plaza de Castilla地鐵站的轉運站搭乘724號公車，車程約1.5小時

▲ 曼薩納雷斯河景

▲ 曼薩納雷斯古堡（Castillo de Manzanares El Real）

羅索亞河畔的布伊德拉戈
(Buitrago de Lozoya)

布伊德拉戈的主要景點為建於14世紀的穆德哈式城堡和城牆，1993年列入國定歷史藝術類古蹟，城牆圍繞著舊城區。漫步在城牆上能一覽羅索亞河景色，還能看到當地人在此愜意地划船、釣魚，而在Plaza de Progreso橋上則能欣賞布伊德拉戈小鎮全貌。聖母瑪利亞教堂建築風格包括伊斯蘭教、猶太教和天主教，又被稱作三文化教堂。這裡的畢卡索美術館（Museo de Picasso）收藏了65件畢卡索作品，是由畢卡索的摯友兼理髮師埃爾黑尼歐（Eugenio Arias）所捐贈。

➡️ 從馬德里出發，在1號線Plaza de Castilla地鐵站的轉運站搭乘191號公車，車程約2小時

▲ 布伊德拉戈古堡(Castillo de Buitrago)

▲ 聖母瑪利亞教堂(Iglesia de Santa María del Castillo)

帕爾多(El Pardo)

帕爾多離馬德里只有15公里，曾在西班牙內戰成為獨裁者佛朗哥的據點，現今是馬德里市郊重要的觀光小鎮。此地有馬德里4大皇宮之一，巴洛克式的帕爾多皇宮，曾為西班牙國王的寢宮，經過西班牙內戰，1975年間成為佛朗哥的辦公室和臥室。1983年西班牙邁入民主後，帕爾多皇宮成為各國元首造訪西班牙期間的住處。有鵝黃色的外觀，內部裝潢非常講究，且收藏哥雅的掛毯畫。較有爭議的是，至今仍保留佛朗哥獨裁時期的辦公室和勳章。

➡️ 從馬德里出發，在3號線Moncloa地鐵站的轉運站搭乘601號公車，車程約15分鐘

▼ 帕爾多皇宮(Palacio Real de El Pardo)

卡斯提亞雷昂自治區
Castilla y León

廣納世界人文遺產與古蹟，值得一訪

位於馬德里西北邊的卡斯提亞雷昂自治區(Castilla y León)由9個省分組成，是西班牙占地最大的自治區。也因為離馬德里並不遠，許多名列人文遺產的古蹟和城市皆可當日來回，或安排2天1夜的行程也很適合。

塞哥維亞 (Segovia)

世界人文遺產

走進塞哥維亞市中心，會看見高聳的羅馬渠水道圍繞著舊城區，是羅馬遺址中保存最完整的一項，共有167個拱門、高28公尺，建於西元112年。傳說中羅馬渠水道是惡魔為了交換少女的靈魂而建；另一觀光熱門景點是塞哥維亞王宮，為迪士尼動畫《白雪公主》中城堡的原型。建於16世紀的塞哥維亞主教座堂，為哥德式建築風格，其中的鐘塔高達88公尺，是城市最高點。

➡️ 從馬德里出發，在3號線Moncloa地鐵站的轉運站搭乘La Sepulvedana客運，車程約60分鐘

| 美 | 味 | 首 | 選 |

香噴噴的鮮美烤乳豬 (Cochinillo)

到塞哥維亞必吃！舊城區的每一間餐廳幾乎都有賣外皮酥脆、肉質鮮美的烤乳豬，最有名的是羅馬渠水道旁的百年老店Mesón Cándido。可點套餐，或點一隻大家共享，價格約€25～40不等。

▲ 塞哥維亞王宮(Alcázar de Segovia)

▲ 羅馬渠水道(Acueducto romano)

薩拉曼卡
(Salamanca)

 世界人文遺產

▲ 薩拉曼卡主廣場(Plaza Mayor)

　　薩拉曼卡是座古城也是西班牙學術重鎮。西元1218年阿方索九世下令將薩拉曼卡私立天主教學校轉型為國立綜合學院，為薩拉曼卡大學前身，自此薩拉曼卡扮演著西班牙學術重鎮角色。西元1255年，在教宗亞歷山大四世的認可下獲頒大學頭銜，超過800年歷史，是西班牙歷史最悠久、歐洲第三古老大學。

▲ 薩拉曼卡新舊主教座堂(Catedral Nueva-Vieja de Salamanca)

▲ 薩拉曼卡大學(Universidad de Salamanca)

　　舊城區保存許多中世紀建築物，包括銀匠式建築風格的薩拉曼卡大學立面，立面下能看到許多人駐足，因為大家在找青蛙，據說找到會帶來好運；壯觀的哥德式薩拉曼卡新舊主教座堂，其中，在90年代修復工程時的惡作劇傑作——「太空人」、「吃冰淇淋

的龍」也是大家找破頭的浮雕景點。薩拉曼卡主廣場有歐洲最美主廣場之稱，其他景點包括羅馬橋、貝殼之家等，都是熱門景點。

➡ 從馬德里出發，在1號線Chamartín地鐵站轉搭Alvia火車，車程約1小時40分

阿維拉
(Ávila)

 世界人文遺產

▲ 阿維拉中世紀城牆(Muralla medieval de Ávila)

▲ 阿維拉主教座堂(Catedral de Cristo Salvador de Ávila)

　　中世紀城牆是阿維拉地標，全長2.5公里、高12公尺，共有9個城門、90個防禦塔和2,500座城堞，有歐洲最美城牆之稱。由羅馬人在3世紀時建立，主要興建期則落在11、12世紀，在天主教統治時期，阿維拉城牆成為防止摩爾人入侵的重要防禦系統。神祕主義研究者聖女德雷莎（Santa Teresa de Jesús）出生在阿維拉省的小鎮，因此城市中許多景點都和她有關。阿維拉主教座堂被視作西班牙第一座哥德式主教座堂，外觀高聳並有防禦功能，是城牆防禦塔之一。阿維拉道地美食以烤肉（Asado）和丁骨牛排（Chuletón de ternera）最有名。

➡ 從馬德里出發，在1號線Chamartín地鐵站旁的同名火車站搭乘中距火車Media distancia，車程約1.5小時

玩樂篇

瓦亞多里德
(Valladolid)

瓦亞多里德舊城區小卻精采，很適合1日遊。主廣場是西班牙第一座方型廣場，也是馬德里、薩拉曼卡主廣場的範本。建於16世紀巴洛克式的瓦亞多里德主教座堂是舊城區最重要的景點。瓦亞多里德大學也是西班牙最古老大學之一，其中法學院外有很多石獅子，據說這裡的學生不會去數有幾隻，因為數了會被當掉。瓦亞多里德電影節（Seminci）和聖週遊行都是國際知名的重要文化活動。

➡ 從馬德里出發，在1號線Chamartín地鐵站旁的同名火車站搭乘Alvia火車，車程約1小時20分

▲ 瓦亞多里德主廣場(Plaza Mayor de Valladolid)

▲ 瓦亞多里德主教座堂
(Catedral de Nuestra Señora de la Asunción)

▲ 瓦亞多里德法學院
(Fachada de la facultad de derecho de la Universidad de Valladolid)

布爾戈斯
(Burgos)

世界人文遺產

布爾戈斯有西班牙最美的主教座堂之一，也是朝聖者們必經城市。城市歷史深受席德之歌（El Cantar del mio Cid）影響。進入布爾戈斯舊城區須穿越聖母瑪利亞拱門，自中世紀以來為進入布爾戈斯的唯一通道，很快地壯觀的布爾戈斯主教座堂將映入眼簾。主教座堂興建於1221年，是西班牙唯一獨立列入世界人文遺產名單的主教座堂，內部共有15個禮拜堂，足見當年貴族勢力。喜歡逛教堂的人可考慮購買觀光手環Pulsera turística，花€13便可參觀主教座堂、聖希爾教堂、聖尼可拉斯教堂和聖艾斯特班教堂。Calle Lorenzo是布爾戈斯當地人喝酒小聚的主要街道，記得嘗嘗聞名全西班牙的黑血腸喔！

➡ 從馬德里出發，在4、6、7、9號線Avenida de América地鐵站旁的轉運站搭乘ALSA客運，車程約2.5小時

布爾戈斯城堡
(Castillo de Burgos)

▲ 從布爾戈斯城堡觀景台能看到城市的全景

聖尼可拉斯教堂
(Iglesia de San Nicolás)

▲ 位於主教座堂西側立面廣場樓梯上，雖不起眼，但教堂主祭壇畫的精緻細節只能用誇張來形容

聖希爾教堂
(Iglesia de San Gil Abad)

▲ 精采的哥德式教堂，教堂內部的耶穌誕生主祭壇(La Natividad)不得錯過

雷爾瑪

(Lerma)

雷爾瑪由法蘭西斯可伯爵（Francisco de Sandoval y Rojas）建立。認識雷爾瑪最佳起點為位於中心的主廣場，廣場上的國營旅館前身為伯爵宮殿（Palacio Ducal），建於17世紀，皆象徵雷爾瑪伯爵的輝煌時期。聖貝德羅大聖堂在1617年受封為大聖堂，哥德式穹頂、美麗的立面和內部精細的裝潢、壁畫都不可錯過！來到雷爾瑪彷彿回到中古世紀，

▲ 聖貝德羅大聖堂
(Colegiata de San Pedro)

▲ 雷爾瑪主廣場和國營旅館
(Plaza Mayor y Parador de Lerma)

可到此享受慢步調的午後。

➡ 從布爾戈斯出發，在客運站搭乘ALSA客運，車程約40分鐘

雷昂
(León)

雷昂是朝聖者們必經城市，舊城區中有知名的雷昂主教座堂，壯觀的哥德式建築，除外部立面精雕細琢外，內部有自13世紀以來興建的彩繪玻璃花窗（Vidrieras），總面積高達1,800平方公尺，出自法國彩繪花窗大師們之手。改建成飯店的聖伊西德羅大聖堂，則是西班牙最知名的羅曼式建築之一。雷昂有高第少數在加泰隆尼亞外的建築——波堤內斯之家，現為美術館。若要體驗雷昂酒吧文化，便到以Calle Ancha為主的潮濕區（Barrio humédo）最精采。

▲ 雷昂主教座堂(Catedral de León)

▲ 主教座堂內精采的彩繪玻璃花窗

▲ 聖伊西德羅大聖堂飯店
(Hotel Real Colegiata de San Isidro)

▲ 波堤內斯之家(Casa de los Botines)
建於1812年，屬新現代主義建築作品，建築迷記得來朝聖

➡ 從馬德里出發，在1號線Chamartín地鐵站轉至火車站搭高鐵(AVE)，車程約2.5小時

卡斯提亞拉曼洽自治區
Castilla y La Mancha

探尋塞萬提斯筆下的謎樣美景

卡斯提亞拉曼洽自治區最著名的就是塞萬提斯筆下《唐吉軻德》的世界觀，至今仍是書迷必訪之地。除了有許多世界人文遺產和古蹟，也是國內知名的葡萄酒產區。

阿爾瑪格羅
(Almagro)

西班牙美村

阿爾瑪格羅不規則造型的主廣場和兩側住家統一的綠色木窗，讓小鎮美學從此定調；另一個重要景點是建於1628年的庭院式露天劇院Corral de Comedias，曾為演出西班牙黃金時期喜劇的露天劇院。露天劇院內部裝潢古色古香，保留了起初的原始結構和設計，是西班牙最獨特的劇院之一，每年9月也在此舉辦國際戲劇節。此外，出身自拉曼洽的西班牙大導索莫多瓦，將此地羅選為經典作品《玩美女人》（Volver）的拍攝場景，如果你是阿莫多瓦迷，絕不能錯過這裡！

➡ 從馬德里出發，在1號線Atocha Renfe地鐵站轉至Puerta de Atocha火車站，搭高鐵(AVE)到Ciudad Real，再轉搭火車到Almagro，車程約1.5小時

▲ 阿爾瑪格羅主廣場(Plaza Mayor de Almagro)

昆卡
(Cuenca)

世界人文遺產

由摩爾人所建立。昆卡舊城區名列世界人文遺產，其中以主教座堂最具代表性，是西班牙最早期的哥德式主教座堂之一。

舊城區周圍被深邃的山脈、峽谷給圍繞，行經紅色的聖保羅鐵橋時，會看見懸崖上的懸空之家，其歷史至今仍是個謎，卻在15世紀時就已有相關的文字紀載！3層樓高的木製陽台是懸空之家的主要特色，也是宮崎駿動畫《崖上的波妞》取景地，目前為抽象藝術美術館。

➡ 從馬德里出發：在6號線Méndez Álvaro地鐵站旁的南方車站(Estación Sur)搭乘Avanza客運，車程約2小時；在1號線Atocha Renfe地鐵站轉至Puerta de Atocha火車站搭高鐵(AVE)，車程約1小時

▲ 懸空之家(Casas Colgadas)

孔蘇埃格拉 (Consuegra)

到孔蘇埃格拉親眼感受唐吉軻德小說中風車巨人的風景將勝過文字的千言萬語，這裡有12座從16世紀保存下來的風車磨坊(Molinos de viento)，其中名為Rucio的風車已改建成文物館，除了風車磨坊外，還有10世紀建立的古堡。每年8月中更有中世紀節(Consuegra Medieval)，及10月底的番紅花節(Fiesta de la Rosa del Azafrán)。

➡ 從馬德里出發，在6號線Méndez Álvaro地鐵站旁的南方車站(Estación Sur)搭乘Samar客運，車程130分鐘

托雷多 (Toledo)

托雷多曾經是西班牙最大的猶太區，有伊比利半島的耶路撒冷之稱。舊城區中完整保存了伊斯蘭教、猶太教、天主教3種宗教的文化，可看到哥德式主教座堂，乃西班牙哥德式建築傑作之一，有西班牙大主教座堂之稱，共有8個禮拜堂、88根石柱和72座穹頂，壯觀程度只能用歎為觀止來形容；而古色古香的猶太區更是全國最重要的猶太文化遺產。從火車站出來，步行30分鐘即可抵達山谷瞭望台(Mirador de Valle)，可一覽托雷多古城全貌及圍繞著城市的塔霍河美景。

| 美 | 味 | 首 | 選 |

托雷多杏仁糖 (Mazapán)

最早是由San Clemente修道院的修女們研發，因此成為西班牙知名的甜點，有很多種口味，都可以試試看！

➡ 從馬德里出發，在1號線Atocha Renfe站轉至Puerta de Atocha火車站搭火車，車程約30分鐘

▲ 山谷瞭望台(Mirador de Valle)

▲ 托雷多主教座堂 (Catedral de Santa María de Toledo)

加泰隆尼亞自治區
Catalunya

在這裡能找尋高第、達利、畢卡索等藝術家的軌跡

玩樂篇

巴塞隆納 Barcelona

巴塞隆納是加泰隆尼亞自治區的首府，也是西班牙最受歡迎的觀光城市，其中以安東尼·高第的建築作品最引人入勝。此外城市中的哥德區、現代主義建築作品也非常值得一探究竟。

➡ 從馬德里出發，在1號線Atocha Renfe地鐵站轉至Puerta de Atocha火車站搭高鐵(AVE)，車程約3小時；或搭廉價航空，每天有很多班次飛往巴塞隆納，航程約1小時20分鐘

 豆知識

加泰隆尼亞語

加泰隆尼亞的官方語言為加泰隆尼亞語(Catalán)，而自治區內也習慣講加泰隆尼亞語，但在主要的觀光城市說西班牙文和英文其實是通的喔！而且加泰隆尼亞人的英文真的比較好！

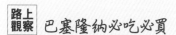

路上觀察 巴塞隆納必吃必買

油條加熱巧克力
(Churros con chocolate)

▲ Granja la Pallaresa是巴塞隆納的老店之一，非常甜膩和濃郁的熱巧克力加上酥脆的Churros，是下午茶的首選啊！

聖誕市集
(La fira de Santa Llúcia de Barcelona)

▲ 聖誕節期間，在主教教堂廣場會舉辦聖誕市集，能買到加泰隆尼亞當地的聖誕吉祥物——便便木頭人(Caga tío)，以及各種名人造型的便便公仔(Caganer)。

巴塞隆納哥德區 (Barri Gòtic)

哥德區是巴塞隆納舊城區和市中心，是城市觀光核心地區。從加泰隆尼亞廣場地鐵站出來，延伸至拉蘭布拉大道開始，可發現巴塞隆納中世紀時期所遺留下來的古羅馬建築物，還有狹長的猶太街（El Call）。

➡ 最近地鐵站：1、3、6、7號線Plaça de Catalunya站

加泰隆尼亞廣場
(Plaça de Catalunya)

位於巴塞隆納市中心的大型廣場，也是城市中重要街道的匯集地。廣場上有許多露天雕刻品，其中以向加泰隆尼亞獨立運動先驅Francesc Macià 致敬的雕塑品最為知名。

拉蘭布拉大道 (La Rambla)

位位於巴塞隆納市中心，長達1.2公里的林園大道，總是充滿人潮，大道上充滿了花店和紀念品店，兩側有許多酒吧、餐廳。在拉蘭布拉大道上有米羅的馬賽克磁磚作品《Mosaic del Pla de l'Os》。

聖喬瑟夫市場
(Mercat de La Boqueria)

1840年啟用的聖喬瑟夫市場又被稱作「肉品市場」（La Boqueria）。市場內有非常多店家，能吃到Tapas、水果、新鮮果汁、各式肉品及當地小吃。

皇家廣場 (Plaça Reial)

在哥德區中心的皇家廣場為新古典主義建築風格，被棕櫚樹圍繞的廣場上有高第設計的路燈，也是高第的第一個公共藝術作品。

里賽奧大劇院
(Gran Teatre del Liceu)

折衷主義建築風格的里塞奧大劇院目前以歌劇演出為主。於1847年開幕，曾遭大火祝融。1999年重新開幕至今，是巴塞隆納歷史最悠久且最負盛名的劇院。

巴塞隆納主教座堂
(Catedral de la Santa Creu i Santa Eulàlia)

於14世紀完工，雖然沒有聖家堂那麼壯觀，但也有獨特的哥德式立面和超過450年歷史的管風琴，是哥德區的重要古蹟。

松樹聖母宗座聖殿
(Basílica de Santa Maria del Pi)

建於14世紀，是巴塞隆納加泰隆尼亞哥德式風格建築作品。可爬上鐘塔一覽巴塞隆納360度全景。教堂名稱源自廣場上的松樹林，現今仍構成獨一無二的風景。

畢卡索美術館 (Museu Picasso)

將中世紀5間宮殿改建成美術館，於1963年開幕的畢卡索美術館，館藏共有4,251幅畢卡索眞跡，喜歡逛美術館的人絕對不可錯過！建議花1天仔細品味畢卡索的作品。

http www.museupicasso.bcn.cat/en

聖菲利浦內利廣場
(Plaça de Sant Felip Neri)

聖菲力普內利廣場見證了西班牙的歷史，在廣場牆面上能發現滿目瘡痍的炸彈痕，是1938西班牙內戰時期，受炸彈攻擊而留下來的歷史傷痕。

蒙居義克山 (Montjuïc)

位於巴塞隆納海拔173公尺高的蒙居義克山，意爲猶太人之山。蒙居義克山上有一座同名城堡，建於1640年，是西班牙重要的軍事要塞，佛朗哥獨裁統治時期作爲政治犯監獄，現今則爲加泰隆尼亞珍貴的歷史古蹟。山上還有當年巴塞隆納奧運體育場及米羅美術館；山下的加泰隆尼亞國家美術館，有大量加泰隆尼亞羅曼式和現代主義藝術作品，以及著名的魔法噴泉。

➡ 在2、3號線Paral-lel地鐵站轉搭纜車上山至Parc de Montjuïc，可選擇再搭纜車或步行至城堡

▲加泰隆尼亞國家美術館
(Museu Nacional d'Art de Catalunya)

▲蒙居義克城堡 **(Castell de Montjuïc)**

▲蒙居義克纜車

安東尼‧高第的建築之旅
世界人文遺產

安東尼‧高第(Antoni Gaudí)的建築作品多坐落在巴塞隆納市區，早期作品深受東方藝術的影響，建築風格橫跨了現代主義、新哥德式、自然主義等等，最著名的作品為至今尚未完工的聖家堂和馬賽克磁磚拼貼的奎爾公園。高第曾說色彩就是生命的詮釋。因此在高第的作品中，總能看到各種色彩並存。強烈建議先網路預訂門票，避免排隊卻沒票買的狀況喔！

聖家堂 (Basílica i Temple Expiatori de la Sagrada Família)

聖家堂是高第最著名的建築作品，誕生立面（Fachada de la Natividad）更是高第的傑作，每年參觀人數超過千萬人。高第接手聖家堂工程後，將加泰隆尼亞現代主義的概念加入聖家堂，從此聖家堂有了不同的樣貌及靈魂。

http www.sagradafamilia.org/en

➡ 最近地鐵站：2、5號線Sagrada Familia站

ℹ 建議上網預訂參觀門票

奎爾公園 (Park Güell)

奎爾當年買了奎爾公園這塊地，要高第打造成英國式的住宅，因此以英文Park Güell命名。公園內著名的馬賽克磁磚拼貼堆疊出夢幻氛圍，但更多是對生命力的詮釋，而公園內的石柱、雕塑品，更是人與自然共存的寫照。

http www.parkguell.cat/en

➡ 最近地鐵站：3號線Vallcarca站，出站後步行約15分鐘

ℹ 建議上網預訂參觀門票(高第打造的公園部分)，公園分成2部分，一部分提供免費參觀

以上圖片提供／林家竹

巴特由之家
(Casa Batlló)

巴特由之家是高第現代主義元素集大成的傑作，屋頂有如被龍的鱗片覆蓋，這是受聖喬治節神話的影響。神話中聖喬治屠龍救出少女，在巴特由之家的屋頂可以看到彩色龍鱗片，卻不見聖喬治的身影，更添神話及魔幻色彩。

http www.casabatllo.es/en
➡ 最近地鐵站：2、3、4號線Passeig de Gràcia站
ℹ 建議上網預訂門票

奎爾紡織村教堂
(Cripta de la Colònia Güell)

在這裡能發現許多聖家堂的影子，是建築聖家堂前的實驗室，也是高第建築作品中與大自然產生連結的重要作品。作品充滿了力與美，彷彿石柱用全身的力量支撐著整座教堂的重量。教堂中許多建築的細節都是理解高第作品的重要元素。

http www.gaudicoloniaguell.org/en
➡ 從1、3、8號線Plaza de España地鐵站換乘近郊火車S8、S4、S33，在Colònia Güell站下車，需購買兩區(2 zonas)的車票
ℹ 建議上網預訂或現場購票

路上觀察 Supermanzana超級街區

從2017開始，巴塞隆納市政府將某些區塊，如聖馬丁區(San Martí)規畫成超級街區。目的是要減少汽機車停靠、限制時速10公里以下行駛以及減少空氣汙染，街區中大約有70%為徒步區，並有超過200公頃的綠地，將城市歸還給市民，提供市民更多的休閒空間。

米拉之家
(Casa Milà)

米拉之家是高第自然主義的代表作，外觀是用石頭打造的，因此又有La Pedrera的稱號，中文意思為採石場。在陽光的照射下，看起來像一道黃金波浪，具備良好採光及通風性的大廳是整棟建築物的核心，搭配自然意象的壁畫，讓米拉之家成為一個有機建築物。

http www.lapedrera.com/en/home
➡ 最近地鐵站：3、5號線Diagonal站
ℹ 建議上網預訂門票

文森之家
(Casa Vicens)

從外觀上能觀察到文森之家有著些許阿拉伯建築風格痕跡，是因為高第早期的作品風格深受東方藝術影響，文森之家的外觀運用大量的彩繪磁磚混搭，製造色彩上強烈的對比，造就了這棟私人住所獨一無二的風格。

http casavicens.org
➡ 最近地鐵站：3號線Fontana站
ℹ 建議上網預訂或現場購票。每天營業，夏、冬季營業時間不同，5/18歐洲博物館日可免費入場

奎爾宮
(Palau Güell)

奎爾宮是高第與伯樂奎爾(Eusebi Güell)結緣的作品，兩人長年的合作，造就了許多世界知名的建築物。奎爾宮中流線造型的鐵結構、馬賽克拼貼磁磚及彩繪玻璃等也影響了高第的建築風格。天台的拼貼彩繪磁磚煙囪是觀光客必訪之地，不論時光如何流逝，高第建築作品的精髓永遠存在奎爾宮之中。

http palauguell.cat/en
➡ 最近地鐵站：3號線Liceu站
ℹ 建議上網預訂或現場購票，每月第一個週日免費索票進場

玩樂篇

圖片提供／劉維

現代主義藝術建築之旅

加泰隆尼亞著名的現代主義建築大師是路易斯多梅尼克(Lluís Domènech i Montaner)，他的現代主義藝術建築(Arquitectura modernista)作品中，首推入選世界人文遺產的加泰隆尼亞音樂廳，以及聖十字及聖保羅醫院。

加泰隆尼亞音樂廳
(Palau de la Música Catalana)

世界人文遺產

加泰隆尼亞音樂廳已超過百年歷史，至今依舊是國內及國際上重要的文化性場地。音樂廳由鋼骨結構所打造，覆蓋著透明玻璃窗戶，凸顯自然光線變化的效果，此外也可以在音樂廳內發現不同的藝術應用，如雕像、馬賽克磁磚、彩繪玻璃及金屬鍛造品等等，讓參觀的遊客彷彿身在一個奇幻的音樂盒中。

http www.palaumusica.cat/en
➡ 最近地鐵站：1、4號線 Urquinaona站
ℹ 可上網預訂或現場購票，有導覽講解音樂廳的歷史及建築特色

聖十字及聖保羅醫院
(Hospital de la Santa Creu i Sant Pau)

世界人文遺產

聖十字及聖保羅醫院呈現出多梅尼克強烈的現代主義風格和大膽創新的嘗試，讓古老的醫院轉變為華麗且溫暖的建築物，也能完美地符合病患們的需求。

http tickets.santpaubarcelona.org
➡ 最近地鐵站：5號線San Pau / Dos de Maig站
ℹ 可上網預訂或現場購票

 豆知識

什麼是現代主義？

歐洲現代主義是從法國新藝術思潮開始延伸，各國孕育出屬於自己風貌的現代主義，加泰隆尼亞現代主義則加入了傳統文化。對現代主義感興趣的人，可不要錯過了加泰隆尼亞現代主義美術館(Museu del Modernisme Català)，網址：www.mmbcn.cat/es。其他加泰隆尼亞現代主義建築作品：

■巴塞隆納的Panot花地磚
■薩瓦德爾的瑞士飯店(Hotel Suís)
■薩瓦德爾中央市場(Mercat Central de Sabadell)
■阿馬耶特之家(Casa Amatller)

巴塞隆納周邊著名城市

塔拉哥納 (Tarragona)

世界人文遺產

古名為塔拉科（Tarraco），古羅馬時期重要城市之一，也是伊比利牛島最古老的羅馬帝國殖民地，因此成為加泰隆尼亞自治區中擁有最多古羅馬遺址的省分。包括羅馬劇場、羅馬戰車競技場，以及渠水道組成的塔拉科考古綜合體（El conjunto arqueológico de Tarraco）。此外，還有疊人塔雙年賽，能看熱血沸騰的疊人塔比賽。

➡️ 從巴塞隆納出發，在3、5號線Sants Estació地鐵站外的Barcelona Sants火車站，轉搭高鐵(AVE)到Tarragona站，車程約40分鐘

ℹ️ 羅馬競技場入場券可直接在羅馬競技場入口售票處購買

赫羅納 (Girona)

巴洛克風格的赫羅納主教座堂是影集《權力遊戲》（Game of Thrones）拍攝場景，現在已經成為眾多影迷朝聖的據點；舊城區中的猶太區是歐洲保存最好的猶太區之一，也是電影、廣告拍攝的熱門地點。此外，赫羅納有20間名列米其林指南的城市，其中，El Celler de Can Roca是世界知名的高級餐廳，連續數年拿下米其林三星高評價。

▲ 赫羅納主教座堂(La Catedral de Girona consagrada a Santa María)

➡️ 從巴塞隆納出發，在3、5號線Sants Estació地鐵站外的Barcelona Sants火車站，轉搭西班牙鐵路(Renfe)到Girona站，車程80分鐘

▲ 赫羅納河畔小屋(Les cases de l'Onyar)

路上觀察 赫羅納花季(Temps de flors)

每年5月會舉辦赫羅納花季，期間赫羅納舊城區所有的街道、開放空間和大小教堂都變成花藝設計師們的展覽空間尤其壯觀的花毯絕對不能錯過！

蒙塞拉特山
(Montserrat)

蒙塞拉特山步道

蒙塞拉特山上拉特修道院。蒙塞拉特聖母是加泰隆尼亞自治區的主保聖者，聖母像的皮膚黝黑，因此又名黑聖母(Moreneta)。

被岩壁圍繞的同名聖殿有濃厚的神話色彩，據信在西元880年某一天，從天上傳來一陣強光和美妙的旋律，當時的主教因此在山洞中發現聖母像，並決定將聖母像遷移至曼雷薩教區，但聖母像卻變得比岩石還重，無法搬移，遂在原地建立聖母聖殿，成為加泰隆尼亞朝聖之地，高第建築靈感也深受蒙塞拉特山的啓發。

此外，這裡有歐洲最古老的蒙塞拉特男童合唱團(Escolania de Montserrat)。蒙塞拉特山上還有羅曼式建築風格的聖塞西莉亞修道院(Monestir de Santa Cecília de Montserrat)，修道院附近有許多登山步道，也適合喜歡登山健行的人。

➡ 從巴塞隆納出發，在1、3、8號線Espanya地鐵站內的火車站，搭乘近郊火車(Rodalies)R5線至Monistral de Montserrat站，再轉搭纜車或步行上山

路上
觀察 **赫羅納的木偶**

踏上赫羅納的Carrer de l'Argenteria這條街時，會看見一個掛在兩側陽台的木偶，稱為「El Tarlà」。源自14世紀時，赫羅納遭受嚴重的瘟疫，為了不讓瘟疫在此蔓延，居民被隔離40天。由居民操縱的木偶El Tarlà搭配音樂演出雜技旋轉，沖淡了悲傷的氣氛。為紀念這號帶給大家歡樂的人物，每年8月27日，在樂隊和巨人遊行陪伴下，身穿小丑裝的El Tarlà會重出江湖，表演拿手的雜耍技能。

▲ 蒙塞拉特修道院(Monestir de Montserrat) (以上圖片提供／林家竹)

加泰隆尼亞特色城鎮

菲格雷斯 (Figueres)

菲格雷斯和達利有密切的連結，達利曾表示他出生於菲格雷斯，年輕時在這個舊劇場展出他第一個作品，劇場旁是他受洗的教堂，達利更將美術館建在這裡，捐給故鄉。

走進菲格雷斯達利戲劇美術館（Museo-Teatro Dalí de Figueres），除了被達利的作品本身吸引住之外，也會被前衛且高潮不斷的氛圍籠罩，美術館中的每一個空間都像是個遊樂場般，也如同謎一般，等待著大家來挖掘達利的祕密。

- http www.salvador-dali.org/serveis/en_entrades
- ➡ 從巴塞隆納出發，在3、5號線Sants Estació地鐵站外的Barcelona Sants火車站，搭乘西班牙鐵路（Renfe）到Figueres站，車程約110分鐘
- ℹ 達利戲劇美術館：可上網預訂或現場購票，門票包含達利戲劇美術館及達利珠寶美術館

卡達克斯 (Cadaqués)

卡達克斯是個白色小鎮，適合午後在海岸邊、舊城區內散步。此外這裡也能尋獲達利的身影：以達利故居改建成的達利之家美術館（Casa-Museo de Dalí de Cadaqués）。可看到達利未完工的兩幅畫，及他親手打造送給妻子加拉的會客室，風格樸實，但也很講究光線運用以及擺設的細節。

▲ 達利之家美術館(Casa-Museo de Dalí)

- http www.salvador-dali.org/serveis/en_entrades
- ➡ 從巴塞隆納出發，在1號線Arc de Triomf地鐵站外的北方車站(Barcelona Nord)，或菲格雷斯(Figueres)火車站外的公車站，搭公車到卡達克斯(時刻表請參考Sarfa客運：compras.moventis.es/en-GB)
- ℹ 達利之家美術館：可上網預訂或現場購票

▲ 卡達克斯城市風景

比克
(Vic)

▲ 加泰隆尼亞香腸(Fuet)

比克主廣場爲加泰隆尼亞自治區中最美的主廣場之一，廣場上的建築物屬於不同時期作品，但卻有著一股和諧恬靜的氣氛。來到比克一定要試試看這裡的煙燻香腸(Butifarra)及加泰隆尼亞香腸(Fuet)，由於肉質鮮美，成爲老饕們必點的美食。每年12月初舉辦的中世紀市場節(Mercat Medieval de Vic)也是熱門活動之一。

▲ 主廣場(Plaza Mayor de Vic)

➡ 從巴塞隆納出發，在3、5號線Sants Estació地鐵站外的Barcelona Sants火車站，搭乘近郊火車(Rodalies)R3線，車程約90分鐘

佩內德斯自由鎮
(Vilafranca del Penedés)

佩內德斯以疊人塔(Castelles)聞名，小鎮曾多次拿下疊人塔雙年賽冠軍，是加泰隆尼亞自治區最瘋行疊人塔的城鎮。佩內德斯也是有名的西班牙氣泡酒(Cava)酒莊，有眾多酒莊提供品酒行程，如Pinord酒莊細心講解葡萄栽種方式、酒莊歷史及氣泡酒的製作過程。

➡ 從巴塞隆納出發，在3、5號線Sants Estació地鐵站外的Barcelona Sants火車站，搭乘近郊火車(Rodalies)R4線，車程約50分鐘

路上觀察 地中海葡萄酒之路 (La carretera del Vi)

由加泰隆尼亞自治區12個酒莊發起的品酒之路，參觀且集滿6個酒莊的章，會贈送這6間酒莊各1瓶葡萄酒，鼓勵大家完成後半段的另外6個酒莊之旅。

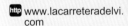

http www.lacarreteradelvi.com

▲ 佩內德斯知名的Pinord酒莊(www.pinord.es)

▲ 疊人塔手繪磁磚

錫切斯
(Sitges)

距離巴塞隆納35公里，依山傍海的錫切斯是加泰隆尼亞最漂亮海灘城市，共有17個海灘。主要宗教建築是位在海岸旁的聖巴多羅莫和聖德克拉教堂。每年10月舉辦錫切斯國際電影節（Festival de Cine de Sitges），是奇幻電影影癡必訪行程。李康生、劉德華都曾得過錫切斯奇幻影帝！此外錫切斯眾多酒吧、飯店、餐廳、商店都標榜同志友好，每年6月也會舉辦當地的同志遊行。

▲ 錫切斯有歐洲最重要的奇幻影展

▲ 錫切斯海灘

➡ 從巴塞隆納出發，在3、5號線Sants Estació地鐵站外的Brarcelona Sants火車站搭乘近郊火車(Rodalies)R2線，車程約40分鐘

▲ 在海灘邊有著雕塑品步道，上面有許多西班牙知名藝術家的作品喔

卡斯特爾德費爾斯
(Castedellfels)

距離巴塞隆納只有18公里，交通便利。長達5公里的海灘，有著舒適的地中海氣候，全年日

▲ 卡斯特爾德費爾斯海灘景色

照天數長達300天。優異的地理環境讓這裡成為加泰隆尼亞熱門的海灘城市。有各項海上運動，還可在1992年巴塞隆納奧運時建立的奧林匹克水道（Canal Olímpic）划獨木舟！除了海灘資源外，也有重要古蹟，如建於16世紀、位在高點的卡斯特爾德費爾斯古堡、聖母瑪利亞教堂（Iglesia de Santa María）等。

➡ 從巴塞隆納出發，在3、5號線Sants Estació地鐵站外的Brarcelona Sants火車站搭乘近郊火車(Rodalies)R2線，車程約40分鐘

▲ 聖巴多羅莫和聖德克拉教堂
(Església Sant Bartomeu i Santa Tecla)

▲ 卡斯特爾德費爾斯古堡(Castillo de Castedellfel)

安達魯西亞自治區
Andalucia
享受陽光、佛朗明哥藝術及阿拉伯風格遺址

位在西班牙南部的安達魯西亞自治區最有名的就是地中海式的白色小屋和佛朗明哥文化，此外安達魯西的文化遺產及飲食也相當有特色。曾被摩爾人統治，因此留下了很多阿拉伯風格的建築。

塞維亞 Sevilla

塞維亞是安達魯西亞自治區的首都，西班牙第四大城市。舊城區有摩爾人統治時期的遺址。塞維亞也是佛朗明哥重鎮，到處都能觀賞佛朗明哥演出，每年舉行的4月春會和塞維亞佛朗明哥雙年展最為熱門。舊城區主要景點皆可步行抵達。

➡ 從馬德里出發，至1號線Atocha Renfe地鐵站，轉至 Puerta de Atocha火車站，再轉搭高鐵(AVE)，車程約150分鐘

西印度群島綜合檔案庫
(El Arichivo General de Indias) 世界人文遺產

在此珍藏了當年西班牙殖民美洲和菲律賓的檔案，以及哥倫布的日誌。

黃金塔
(Torre del Oro)

瓜達爾幾密河畔有著高36公尺的黃金塔，現在是海事博物館。13世紀曾是軍事堡壘，守護塞維亞及河畔。塔上的磁磚裝飾在陽光照射後，會在河面形成黃金波浪倒影，於是獲得黃金塔之稱。黃金塔與同時期建立的銀之塔(Torre de la Plata)、只剩下部分的銅之塔(Torre del Bronce)，並列為塞維亞的3大塔。

玩
樂
篇

塞維亞王宮
(Real Alcázar de Sevilla)

世界人文遺產

塞維亞王宮完整保存伊斯蘭式建築藝術，以及穆德哈、哥德式建築，完整見證西班牙歷史和政權千年來的演變。

塞維亞主教座堂
(Catedral de Santa María de la Sede de Sevilla)

世界人文遺產

塞維亞主教座堂是西班牙最大、世界第三大哥德式教堂。前身為清眞寺，在15世紀時改建為教堂，混合不同時期的藝術風格，主教座堂和文藝復興塔頂的La Girald鐘塔都是熱門景點。

聖十字區 (Barrio de Santa Cruz)

西班牙第二大的猶太區，15世紀摩爾人驅逐猶太人之後漸漸沒落，18世紀重建，保有些許穆德哈式建築，房屋粉刷上白色油漆，至今仍為塞維亞歷史中重要的區塊。

西班牙廣場
(Plaza de España)

西班牙廣場位在瑪莉亞・露易莎公園中，是為1929年塞維亞西美博覽會而建，廣場牆壁上有西班牙各省分首都的拼貼磁磚，還可在公園中的河划船。這裡是許多知名電影拍攝的場景，如《阿拉伯的勞倫斯》和《星際大戰II》都曾在此取景。

都市陽傘
(Metropol Parasol)

在塞維亞市中心的木製建築，外號是「蘑菇」（Las setas），可上觀景台欣賞塞維亞的風景。

特里亞納區
(Barrio Triana)

位在瓜達爾幾密爾河（Guadalquivir）對面，為著名的佛朗明哥藝術聚集地，有道地小酒館演出，滿足喜歡佛朗明哥及其舞蹈的人，也適合午後坐在河畔休息野餐。

塞維亞美術館
(Museo de Bellas Artes de Sevilla)

標準南部風格的建築主體，館藏眾多西班牙畫家的作品，有西班牙畫家庫之美稱。其中以蘇爾巴蘭（Francisco de Zurbarán）和慕里尤（Bartolomé Esteban Murillo）的作品最為重要，是深入了解塞維亞風格畫作的好地方。

佛朗明哥舞蹈博物館
(Museo del Baile Flamenco)

在塞維亞市中心當然少不了佛朗明哥舞蹈博物館，由女舞者克莉絲汀娜（Cristina Hoyos）所創立，從歷史、文化角度介紹佛朗明哥，是最好的入門選擇。2樓的互動式展廳，則介紹佛朗明哥各種舞式和演化，也有舞衣展覽；地下室則是傳統地窖的表演廳，想在此看佛朗明哥的人，可在網路上先訂票。

🌐 www.museodelbaileflamenco.com/en
➡ Calle Manuel Rojas Marcos, 3

哥多華 Córdoba

安達魯西亞自治區第三大城市，是全世界唯一有4項世界人文遺產的城市。必看的景點為清真寺和哥多華王宮，舊城區但保存完整的歷史建築也很值得細細欣賞。若5月來，還可以觀賞庭院節的花藝作品。

➡ 從塞維亞出發，至Santa Justa火車站搭火車到Córdoba站，車程約60分鐘；從馬德里出發，至1號線Atocha Renfe地鐵站，轉至Puerta de Atocha火車站，再轉搭高鐵(AVE)，車程約100分鐘

清真寺主教座堂
(Mezquita-Catedral de Córdoba)

世界人文遺產

哥多華清真寺是城市中最重要的核心，象徵8世紀時摩爾人建設哥多華的輝煌時期。經過13個世紀不同的宗教文化影響下，仍占有一席之地。清真寺內部彷彿是座紅白色拱門所建立的森林，精緻的穹頂、橘子樹庭院及鐘塔都是熱門景點。

🌐 www.mezquitadecordoba.org
ℹ 可網路預購或現場購買

阿薩哈拉古城
(Ciudad Califal de Medina Azahara)

世界人文遺產

離哥多華8公里處，有阿卜杜拉赫曼三世在10世紀時，下令打造的王宮，意為閃耀之城。是安達魯西亞自治區重要的考古遺址，有華麗的皇

宮、清眞寺和住所遺跡。

➡️ 從哥多華市區的勝利大道(Paseo de Victoria) 旁邊的紅十字醫院(Hospital Cruz Roja)圓環搭乘專車，車票要先到旅客服務處購買

哥多華舊城區
(Casco histórico)

 世界人文遺產

在舊城區散步，能發現羅馬、阿拉伯、猶太民族以及天主教時期的文化遺址，例如羅馬神廟、阿拉伯浴池、猶太教堂以及天主教君主城堡等。

路上觀察 哥多華庭院節
(Fiesta de los patios)

自1918年起，每年5月最後2週，在哥多華的San Basilio區會舉辦庭院競賽，這段期間庭院都會開放給遊客參觀。哥多華庭院節將傳統建築轉變成文化交流、永續資源的平台，同時也是凝聚當地居民的力量。2012年名列非物質人文遺產名單。

玩樂篇

格拉納達 Granada

格拉納達不論在知性或美食方面都能滿足你，除了是充滿年輕氣息的大學城之外，歷史文化上也有很高的成就，如阿爾罕布拉宮和阿爾拜辛山城。用餐便宜且分量大，觀賞佛朗明哥也是這裡的必遊行程之一。

➡️ 從塞維亞出發，至Santa Justa火車站搭火車到Granada站，車程約4小時；從馬德里出發，至1號線Atocha Renfe地鐵站，轉至Puerta de Atocha火車站，再轉搭高鐵(AVE)，車程約4小時

阿爾拜辛
(Albaicín)

世界人文遺產

格拉納達最有特色的白色山城，保存近千年的地中海建築特色。建議從河畔的Paseo de los tristes開始，散步到阿爾拜辛。最佳觀賞日落的地點爲聖尼卡拉斯觀景台，可一路散步到聖山(Sacromonte)，有聖山修道院(Abadía del Sacromonte)，聖山也是吉普賽文化聚集地，每天都有洞窟中的佛朗明哥演出。

阿蘭布拉宮
(La Alhambra)

世界人文遺產

阿蘭布拉宮最早其實是格拉納達中的城市，意為紅色城堡，也是皇宮、堡壘。最吸引目光的絕對是宮內的阿拉伯風格建築，建築細節中充滿了向阿拉致敬的元素。由於伊斯蘭教教義不能將阿拉肖像化，所以會看到處處寫滿阿拉伯文字的「阿拉」、拼貼磁磚的八角星也象徵阿拉。阿蘭布拉宮的特色是每處都有些微誤差，因為除了阿拉外，沒有任何東西是完美的。

http www.alhambra.org

➡ 在Plaza de Isabel La Católica廣場搭乘C3號公車

ℹ 強烈建議先在網站上預訂，現場購票隊伍很長，有可能排不到票

阿爾罕布拉宮3大
必看區域

Alcazaba

▲ 阿蘭布拉宮最古老的區塊，為軍事用地

Palacios Nasrid

▲ 這裡有3座14世紀建立的皇宮，分別為Palacio Mexuar、Palacio Comares、Palacio de Leones

赫內拉利費宮(Generalife)

▲ 阿蘭布拉宮最美的區塊之一，是花園也是替格拉納達國王打造的私人皇宮

路上
觀察　**在格拉納達吃逛小祕訣**

在格拉納達怎麼吃？

在格拉納達只要點一杯飲料，就會送上一盤Tapas，可以這樣喝個幾輪也就順便吃飽啦！

手工藝品怎麼買？

在Calle Alcaiceria這條手工藝品街上，能看到各式各樣的手工藝品，包括皮件、瓷器和阿拉伯燈。

安達魯西亞特色城鎮

邊境赫雷斯
(Jerez de la Frontera)

位在加地斯省(Cádiz)的赫雷斯是安達魯西亞第五大城市，舊城區有安達盧西亞式建築，城市內眾多修道院更讓赫雷斯有「修道院之城」的美名。赫雷斯主教座堂為哥德式和巴洛克式建築，主教座堂博物館收藏了西班牙知名畫家蘇爾巴蘭(Francisco Zurbarán)的聖母畫〈La Virgen Niña〉，及18、19世紀的銀器品。而哥德式的聖米格爾教堂則是該城最美的教堂之一，於16世紀完工。

赫雷斯名列歐洲葡萄酒之都，香氣十足、順口便宜的雪莉酒(Sherry)是招牌，有許多知名葡萄酒莊可參觀。也有道地佛朗明哥文化，每年2月底

舉辦佛朗明哥節（Festival del Flamenco de Jerez）。

➡ 從塞維亞出發，在Santa Justa火車站搭乘中程火車MD，車程約1小時

▲ 新橋(Puente Nuevo)

隆達
(Ronda)

▲ 外號：靠杯瞭望台(El balcón del coño)

在馬拉加省（Málaga）的小鎮，由於地勢和歷史讓這個小鎮充滿浪漫和神祕氛圍。最著名的新橋（Puente nuevo）花了40年才完工，高達98公尺。也有摩爾人遺留下的阿拉伯遺址，以及啓用於1785年的鬥牛場，為西班牙最古老的鬥牛場之一。著名電影導演歐森威爾斯及作家海明威都曾造訪，並寫下對此地獨特景色的讚賞，歐森威爾斯的骨灰就埋葬在隆達的一個小村落中。

➡ 從格拉納達出發，至Granada火車站搭火車到Ronda站，車程約100分鐘

▲ 隆達鬥牛場(Plaza de toros de Ronda)

安特克拉
(Antequera)

世界人文遺產

安特克拉外有3個新石器時代遺留下來的支石墓遺址，分別爲Dolmen de Menga、Dolmen de Viera，以及El Romeral石墓，加上自然岩層景觀區El Torcal組成的支石墓綜合體，合體名列世界人文遺產，也爲歐洲新石器時代藝術的典範。不過El Torcal並沒有大眾運輸工具往返，需開車前往。安特克拉市區內滿是古蹟，最著名的有Alcazaba城堡、巨人拱門（Arco de los gigantes），及聖母卡門教堂壯觀的紅木主祭壇。

➡ 從格拉納達出發，至Granada火車站搭火車到Antequera-Ciudad站，車程約60分鐘

▲ 安特克拉支石墓遺址(Sitios de los Dólmenes de Antequera)

歐蘇納(Osuna)

羅馬帝國時期的歐蘇納占有一席之地，但到16世紀大量文藝復興和巴洛克風格建築興起，才讓歐蘇納達到建築黃金時期，眾多古蹟皆被列為國定古蹟，其中以文藝復興風格的歐蘇納大學、銀匠式風格的聖母升天大聖堂，和聖母化身修道院為主要景點。最知名節慶為聖週遊行（Procesión de Semana Santa）、聖母羅西歐繞境（Romería del Rocío）。其鬥牛場和採石場也是《權力遊戲》的拍攝場景之一，甚至還有權力遊戲博物館（Museo de Osuna），觀光人潮逐年攀升。

➡ 從塞維亞出發，在Santa Justa火車站搭火車，車程約1小時

▲ 採石場
(El Coto de las canteras)

▲ 歐蘇納鬥牛場
(Plaza de toro de Osuna)

▲ 聖母升天大聖堂(Colegiata de Santa María de la Asunción)

卡莫納(Carmona)

卡莫納離塞維亞只有30公里，舊城區中有眾多國定古蹟，如教堂、宮殿、城牆和王宮都是重要文化遺產，卡莫納見證西班牙歷史，經過不同文化的融合，成為具有風格小鎮之一。蓋建成國營旅館的貝德羅君主王宮建立於摩爾人統治時期，最早用途為塔里發國王寢宮；塞維亞門王宮曾為前往塞維亞的主要城門，現為旅遊服務處。15世紀的聖母瑪利亞教堂是主要教堂，擴建在古老的清真寺上。

➡ 從塞維亞出發，在San Bernardo公車站搭乘 M-124號公車，車程約1小時

▲ 塞維亞門王宮
(Alcázar Puerta de Sevilla)

▲ 卡莫納城市全景

伊大利卡(Itálica)

嚴格來說，伊大利卡不是個小鎮，而是在聖提彭塞（Santiponce）鎮中一處重要的考古遺址。伊大利卡為羅馬帝國時期重要的政治、軍事及經濟中心，建立於西元前206年，面積近52公頃。有開放參觀的包括花園、馬賽克瓷磚、羅馬劇場，以及能容納2萬5千人的羅馬圓形競技場。同時也是《權力遊戲》的拍攝場景，吸引眾多影癡前往一睹風采。

➡ 從塞維亞出發，在Plaza de Armas搭乘公車M-170A，車程約30分鐘

▲ 伊大利卡羅馬圓形競技場

▲ 伊大利卡壯觀的考古遺址

玩樂篇

瓦倫西亞自治區
Comunidad Valenciana

來瓦倫西亞一定要嘗道地的海鮮飯

提到瓦倫西亞，大家想到的絕對是西班牙海鮮飯(La Paella)，其實除了海鮮飯外，位在西班牙東部、近地中海的瓦倫西亞拉丁文的意思為「勇敢、活力」，是個充滿年輕活力的城市。豐富的海灘資源，吸引眾多觀光客在夏天來此享受海景和陽光，且有許多人文遺產、美食，以及獨特的傳統節慶。

➡ 從馬德里出發，至1號線Atocha Renfe地鐵站，轉至Puerta de Atocha火車站，再轉搭高鐵(AVE)到Valencia Joaquín Sorolla站，車程約120分鐘

瓦倫西亞 Valencia

世界人文遺產

絲綢交易所(La Lonja de Seda)

瓦倫西亞絲綢交易所是哥德式建築，象徵瓦倫西亞15世紀時強大的貿易實力，交易所中寬敞的交易廳更是完美詮釋出，15、16世紀瓦倫西亞身為地中海商業大城的富饒強盛。

▲絲綢交易所外觀   ▲交易所內部

瓦倫西亞舊城區(Casco antiguo)

瓦倫西亞的核心歷史城區位在聖母廣場，緊接著瓦倫西亞主教教堂和8角鐘塔(Miguelete)，以及每週四中午在主教座堂的使者之門(Puerta de los Apóstoles)，會有非物質人文遺產《地中海灌溉水源法庭》開庭。

灌溉水源法庭座椅 ▶

瓦倫西亞主教座堂
(Catedral de Santa María de Valencia)

建於1262年，爲哥德式建築。和教堂緊鄰的八角鐘塔(Miguelete)更是具有特色。教堂內也有教宗璜巴布羅二世當年造訪瓦倫西亞時使用的聖杯(Santo Cáliz)，聖杯禮拜堂也很壯觀。

聖母廣場(Plaza de Virgen)

從八角塔能一覽聖母廣場全貌，是瓦倫西亞

最重要的廣場,每年在此舉行聖週遊行。而從聖母廣場也可延伸參觀鄰近的教堂、修道院。

耶穌會教堂
(Iglesia de La Compañía de Jesús)

這裡有瓦倫西亞最大的管風琴,每個週日都會舉行巴洛克音樂會,來感受管風琴帶來的震撼!

瓦倫西亞藝術科學城
(Ciutat de les Arts i les Ciències)

由Santiago Calatrava和Félix Candela所打造的前衛建築典範,透過藍與白兩種元素,表現地中海的海洋與光線之美。是瓦倫西亞的地標,也是文化、教育和娛樂中心,包括歌劇院、科博館、海生館、植物園等。

中央市場
(Mercado Central de Valencia)

1839年啓用的中央市場有超過1,200個攤位,金屬結構和大量玻璃設計,讓市場視覺效果更寬敞,是瓦倫西亞新藝術運動的代表作。

瓦倫西亞特色城鎮

阿爾布菲拉自然公園
(Parque Natural de La Albufera)

距離瓦倫西亞10公里,是西班牙及伊比利半島重要的濕地公園,也是生態保育與候鳥棲息之地。源自阿拉伯文,意爲「小海洋」。若騎單車前往,會經過El Pinedo海灘及El Saler小鎮,在路上會看到大片水稻田,可在此用餐享受道地米飯美食和海鮮。抵達船艇碼頭(Embarcadero)後,可搭船觀賞濕地公園內的美景及日落。

➡ 從瓦倫西亞出發,出3號線Colón地鐵站後,搭25號公車到Embarcadero de la Albufera站,或騎單車前往

埃爾切
(Elche) 世界人文遺產

位在阿里坎特省(Alicante)的小鎮,有兩項世界人文遺產及美麗的風景。一是壯觀的帕爾梅拉(El Palmeral),亦即種滿椰棗之地,埃爾切種植

超過20萬棵不同品種的椰棗,數量為歐洲之冠。遠在10世紀阿拉伯人統治時,以發展出完整的椰棗灌溉系統,是阿拉伯人在歐洲留下的農業發展典範。除市府公園外,也可參觀神父植物園(El Huerto del Cura),有眾多熱帶植物及各式各樣的椰棗。

另一是埃爾切神祕劇(El Misterio de Elche),宗教音樂劇,每年8/14~15在聖母瑪利亞宗座聖殿內演出。故事敘述了聖母瑪利亞死亡、升天以及被加冕為聖母的過程,包括用瓦倫西亞語及拉丁語吟唱、天使從教堂屋頂而降等,相當壯觀。神

祕劇從15世紀開始至今從未間斷過。

➡ 從瓦倫西亞出發,在北方車站(Estación del Nord)搭西班牙鐵路到Elche-Parque,車程約2.5小時

路上觀察 瓦倫西亞美味首選

在瓦倫西亞一定要吃海鮮飯(Paella),因為是西班牙稻米的故鄉,加上沿海漁獲豐富且新鮮,除了各式各樣的海鮮飯,也可以盡情地享受海鮮。愛喝酒的朋友一定要試試瓦倫西亞雞尾酒(Agua de Valencia),以香檳、伏特加、琴酒、萊姆酒等搭配現榨柳橙汁,加上些許砂糖,再加入冰塊打成冰沙,真會讓人一杯杯接著喝!

▲ 海鮮飯

▲ 瓦倫西亞雞尾酒

▲ Paellera是做海鮮飯的鍋子

▲ 叉子結合蚌殼,變成湯匙

La Pilareta小酒館

▲ 1917年創立至今的La Pilareta,仍保有當年裝潢美感和獨特用餐環境,也是當地人最愛的地方之一,服務生會將點好的菜單用唱的傳到廚房,當然新鮮的海鮮才是最大的賣點

El Forcat

▲ 瓦倫西亞市中心的老餐廳,裝潢都是以法雅小姐(Las Falleras)和傳統手工瓷器為主,也有各種不同的海鮮飯可品嘗

Café de las horas

▲ 一間裝潢精緻的咖啡廳,老闆們是藝術愛好者,風格混合了文藝復興、洛可可時期的畫作及雕像,還有華麗的水晶燈,來這裡一定要點杯瓦倫西亞雞尾酒,享受美好的氛圍

聖地雅哥之路
El Camino de Santiago

▲ 加利西亞自治區總是能看到扇貝石碑(Mojón)，指引著前往聖地雅哥的方向

　　西班牙的聖地雅哥之路，從法國小鎮聖讓皮耶德波爾(Saint Jean Pied de Port)為起點的法國之路，及西班牙的北方之路皆為世界人文遺產，西班牙境內還有眾多朝聖路線，目的地都是加利西亞自治區的聖地雅哥德孔波斯特。耶穌12門徒之一的聖雅各，受耶穌感召「得人如得魚」，於是拋棄漁夫身分，追隨耶穌傳教。西元44年回到巴勒斯坦，被當時的猶太國王希律亞基帕王殺害，成為耶穌12門徒中最早殉道者。他的門徒偷出遺體，搭乘石船抵達加利西亞，將遺體葬在西班牙。直到813年，一名隱士在森林中看到光芒，暗夜中有顆星指引他發現了墓地，主教迪歐多米羅從墓碑文字得知此為聖雅各墓地，阿斯圖里亞國王阿豐索二世便將聖地雅哥主教座堂建於墓地所在地，並宣布聖雅各為國土主保。自此，歐洲天主教徒們便徒步朝聖造訪聖雅各之墓。對許多歐洲人來說，朝聖之路至今仍是信仰與心靈之旅，更成為許多人挑戰自我極限的長途壯遊。

▲ 朝聖路上的朝聖者雕像

🪙 豆知識

是聖雅各？還是聖地雅哥？

聖雅各(Santiago)又稱作Jacobo，為耶穌的12門徒之一，而西班牙城市Santiago de Compostela，中文則是翻譯成「聖地雅哥德孔波斯特拉」。另外，大家印象中美國也有聖地牙哥，但英文是San Diego。3個中文都很像，但是不要搞混了喔！

行家祕技 聖地雅哥之路推薦行程

　　若時間有限，可選擇能在7天內完成的路段，從加利西亞自治區的小鎮薩里亞(Sarria)開始走，法國之路最後100公里：

1 DAY　Sarria → Portomarín
22.4公里

2 DAY　Portomarín → Palas de Rei
25.0公里

3 DAY　Palas de Rei → Arzúa
28.8公里

4 DAY　Arzúa → Pedrouzo
19.1公里

5 DAY　Pedrouzo → Santiago de Compostela
20.0公里

➡ 如何抵達Sarria：從馬德里出發，在地鐵站Chamartín(1號線)的車站搭乘Alvia或長程火車(Larga Distancia)，車程約6小時。

朝聖者護照(Credencial)

可在薩里亞(Sarria)旅遊服務處購買。用來審核朝聖路程,標準是最後100公里,每站至少要蓋2個章在朝聖者護照上面。在朝聖之路途中,各路段小鎮中的庇護所、餐廳、咖啡廳、紀念品店,甚至是藥房都可蓋章。

▲ 蓋滿章的朝聖者護照

庇護所(Albergue)

朝聖之路住宿處為庇護所。有公營庇護所(Albergue municipal)和私人庇護所(Albergue privado)。公營庇護所價格約每晚€6〜7,眾多朝聖者一早出發就是為了要搶便宜的公營庇護所;私人庇護所價格較貴,約每晚€10〜17,可以網路預訂,有單人房、睡眠品質較佳。**請注意**:很多庇護所不接受刷卡付費。

▲ 加利西亞公營庇護所官方圖案

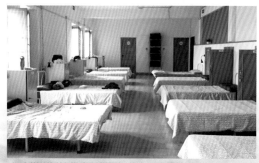

▲ 庇護所是讓朝聖者們好好休息一晚的地方

朝聖者證明(La Compostela)

當步行完成至少100公里,騎馬、騎單車至少200公里時,可帶著集滿章的朝聖者護照,到朝聖者辦公室(Oficina del peregrine)免費領取赦免罪孽的朝聖者證明,也可以花€3購買朝聖路程證明,詳情請查詢官網。

 朝聖者辦公室官網:oficinadelperegrino.com

▲ 朝聖者證明(La Compostela)。以拉丁文書寫的朝聖者證明是所有朝聖者的終極目標

▲ 路程證明(Certificado de distancia)。路程證明上面記錄著路線和總公里數

聖地雅哥德孔波斯特拉
Santiago de Compostela

世界人文遺產

意為「繁星原野的聖地雅哥」，是聖地雅哥之路的終點，眾多不同建築風格的教堂、修道院，建構舊城區無可取代的中世紀風景。舊城區以工坊廣場為中心，延伸至主教座堂、國營旅館、金塔納廣場、聖方濟修道院等，都是著名景點。即使非朝聖者，也很值得到這美妙的城市走走，保證你下次會想步行到此！

聖地雅哥主教座堂
(Catedral de Santiago de Compostela)

聖地雅哥主教座堂坐落工坊廣場上，羅曼式風格、充滿細節的教堂立面是整座城市的象徵，座堂內建築細節處處展現精緻驚喜。由大師馬戴歐（Maestro Mateo）設計的勝利門廊（Pórtico de la Gloria）在塵封數年後，於2018年重新對外開放，是不可錯過的建築傑作。

行家祕技 在聖地雅哥主教座堂的必辦事項

1 Point 擁抱聖雅各
(El abrazo al Apóstol Santiago)

主教座堂的主祭壇上方有一尊超過800年歷史的聖雅各雕像，可從教堂內右側樓梯通道走上去擁抱聖雅各。這是從朝聖之路開始保留至今的傳統，感謝聖雅各一路上總是保護朝聖者。

2 Point 拜訪聖雅各之墓
(Sepulcro de Santiago)

主教座堂的主祭壇下是聖雅各之墓，可從平面層主祭壇附近的小樓梯下去。被鐵欄杆保護的銀製聖髑盒中就裝著聖雅各聖髑，據信是1世紀的真跡。

3 Point 朝聖者彌撒及燻煙儀式
(Misa para Peregrinos y Botafumeiro)

每天中午12點和晚上7點都有朝聖者典禮，在主教座堂的彌撒每天湧入眾多朝聖者，即便你不是教徒也會被這神聖的氛圍所感動。燻煙儀式更是壯觀。聖地雅哥主教座堂的銀製香爐重達60公斤，典禮進行時需8名拉爐人將香爐以時速68公里的速度在空中搖擺，讓薰香遍滿教堂內部。

工坊廣場(Plaza de Obradoiro)

完成聖地雅哥之路、抵達工坊廣場後，會看到所有朝聖者們興奮、感動落淚並互相擁抱，恭喜彼此終於完成這項艱鉅的旅程。

費午餐給前10名的朝聖者，只要帶著朝聖者護照和朝聖者證書至櫃檯詢問即可，試試看運氣吧！

(以上圖片提供／Imágenes cedidas por Parador de Santiago)

金塔納廣場
(Plaza de Quintana)

可從金塔納廣場欣賞主教座堂南側，或在此感受聖地雅哥古城風采。主教教堂南側立面有巴洛克式的皇室門（Puerta Real），及只有聖年才開放的寬恕門（Puerta del Perdón）。

國營旅館
(Parador- Hotel de los Reyes Católicos)

15世紀時，天主教雙國王造訪聖地雅哥後，決定在此興建專屬於朝聖者的醫院。1953年轉型成旅館，又名天主教雙國王旅館，後成為國營旅館。聖地雅哥國營旅館每天會提供免

聖方濟修道院
(Convento de San Francisco)

1214年，聖方濟亞西西（San Francisco de Asís）造訪聖雅各之墓期間，將興建修道院的計畫交付給追隨者戈多拉伊（Cotolay）。巴洛克式風格的教堂立面和簡樸卻壯觀的教堂內部很值得一看。

柳樹公園
(Parque de Alameda)

舊城區外的柳樹公園中有兩尊瑪麗亞（Las dos Marías）雕像。這對終身未嫁的姊妹，總是濃妝豔抹、奇裝異服，每天下午兩點準時對來往的大學生眨眼放電，沖淡獨裁時期悲傷的社會氣氛，因而受到民眾歡迎，也成為聖地雅哥都市傳說。

通訊應變篇
Communication
Emergencies

在西班牙如何打電話、上網、寄信。
發生緊急狀況怎麼辦？

遠在國外該如何與家人聯絡？本篇教你如何在西班牙上網、打電話與寄信，讓你
順利報平安。預設各種危急狀況，包括遭偷搶、遺失各式證件、生病、受傷等，
並提供快速解決方式與求救電話，讓你快樂出門、平安回家。

打電話

隨著時代進步，用手機APP打電話最方便

西班牙並沒有區分區域號碼，所以不管是手機打市話、市話打手機、市話互打，都不需擔心區域碼的問題。凡「9」開頭的電話號碼，就是室內電話，而「6」開頭的電話號碼，就是手機囉！

行家祕技 用APP打電話回家報平安！

隨著智慧型手機的普及，使用手機中的APP打電話、視訊等等，已越來越方便，例如Line、WeChat、WhatsApp、Skype等等都是常用的APP，建議在使用無線網路(Wi-Fi)的情況下撥打更佳。

電話撥號示範

撥打地點	使用電話	撥打方式	撥號方式	
			國碼	電話號碼
台灣	台灣手機	西班牙市話	+34	912 34 56 78
		西班牙手機	+34	612 34 56 78
		台灣帶至西班牙漫遊手機	+886	933 123 456 (去掉手機號碼前面的0)
	台灣市話	西班牙市話	002 34	912 34 56 78
		西班牙手機	002 34	612 34 56 78
		台灣帶至西班牙漫遊手機		0933 123 456
西班牙	西班牙手機	台灣市話	+886	2 2123 4567 (以台北為例，去掉區碼02前面的0)
		台灣手機	+886	933 123 456 (去掉手機號碼前面的0)
		台灣帶至西班牙漫遊手機	+886	933 123 456 (去掉手機號碼前面的0)
	西班牙市話	西班牙市話		912 34 56 78
		西班牙手機		612 34 56 78
		台灣帶至西班牙漫遊手機	00 886	933 123 456 (去掉手機號碼前面的0)
	台灣帶至西班牙漫遊手機	西班牙市話	+34	912 34 56 78
		西班牙手機	+34	612 34 56 78
		台灣帶至西班牙漫遊手機	+886	933 123 456 (去掉手機號碼前面的0)

郵寄

隨處可見的Tabacos都有販售郵票

郵寄信件

一般要郵寄明信片或信件，只要到販售香菸的「Tabacos」或郵局窗口購買郵票(Sello)即可，切記！許多中國商店會販賣印刷品質粗糙的假郵票，價格還會貴一些，而且是寄不到台灣的！通常寄明信片的價格爲€1.5，若是要寄信件的話，也可以直接在此請販售人員幫你秤重，計算好價格之後，再購買郵票貼上。Tabacos隨處可見，非常方便喔！

▲ 在Tabacos可買到簡單的信封和郵票，也可以幫忙秤重

▲ 郵局標誌爲一個號角的圖案

西班牙郵票

信封地址寫法示範

From: Jungfen Lee
C/ Sierpes, 70
41002, Sevilla, Spain

寄件人寫左上角

黏貼
郵票

**To: Taiya Chang
4F, No. 10, Chungsiao Rd.
Taipai 11111
TAIWAN**

收件人寫中間

▲ 寄到台灣的信件，盡量避免寫R.O.C，有時一不小心被搞錯，就會寄到中國或其他縮寫也是R.O.C的國家去囉！

貼心 小提醒

郵筒投遞孔有2種，別投錯喔！

投遞信件時，若郵筒有兩個投遞孔，通常是分爲當地的城市和外地兩個投遞孔，譬如在馬德里的郵筒，就會分爲馬德里首都(Madird Capital)和其他地方(Otros Destinos)。

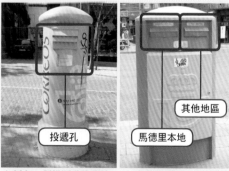

其他地區

投遞孔

馬德里本地

▲ 只有一個投遞孔的郵筒

▲ 兩個投遞孔，分爲當地和外地的投遞孔

郵寄包裹

Step 1 打包完整

在寄送之前最好將包裹打包完整，貼好膠帶；若沒有紙箱可以至郵局購買。

Step 2 包裹秤重、填寫包裹寄送單

跟櫃檯人員索取包裹寄送單來填寫，並可同時將包裹交予櫃檯人員，便於秤重及計算價格，此時要說明是寄海運或空運。

Step 3 付帳，領取收據及寄送單副本

寄送單的副本爲重要的單據，萬一包裹遺失，可以憑著單據上的號碼來請郵局查詢。

 貼心 小提醒

選擇適合自己的寄送方式

包裹寄送方式可分為快件型(Paq Premium Internacional)、標準型(Paq Standard Internacional)和經濟型(Paq Internacional Económico)，價格可能會差到1倍。基本上，快件需要7～10天左右會寄到台灣，而經濟件需要2個月，雖然指定是寄經濟件，但郵務人員有時為了省麻煩就直接堆到快件的包裹去了，甚至還有可能一週就寄到目的地。但若是有較急的物件，為保險起見還是寄快件比較好。

包裹寄送單填寫示範

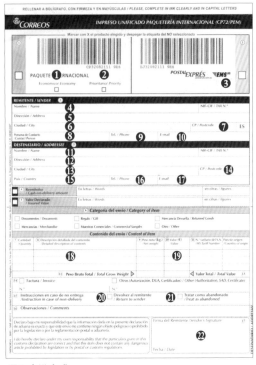

選取寄送方式
1.海運Economy　　**2.**空運Priority　　**3.**快捷Espres

寄件者
4.姓名　　　　　　**8.**連絡人
5.地址　　　　　　**9.**連絡電話(若寫台灣手機，前面要加上+886)
6.所在城市　　　　**10.**電子郵件信箱
7.郵遞區號

收件者
11.姓名　　　　**14.**郵遞區號　　　**17.**電子郵件信箱
12.地址　　　　**15.**國名
13.城市名　　　**16.**電話號碼

包裹內容物
18.品名(如衣物clothes、禮品gifts、文件documents、紀念品souvenirs)
19.內容物價值

無法寄送時處理方式
20.退還寄件人　　**21.**放棄寄送　　**22.**寄件人簽名及日期

信件郵寄至台灣價格表 (不超過2,000克)

重量(克)	20克以下	21～50克	51～100克	101～500克	500～1,000克	1,000～2,000克
價格	€1.00	€1.83	€3.05	€9.76	€20.85	€26.61

包裹郵寄至台灣價格表 (基本價格為1公斤起)

快件型		標準型		經濟型	
基本價格	每公斤增加價格	基本價格	每公斤增加價格	基本價格	每公斤增加價格
€80.27	€11.32	€41.73	€10.01	€24.45	€5.35

※以上資訊時有異動，請以官方公布的最新資料為主

上網

當地的Wi-Fi很方便

通訊應變篇

近年來隨著智慧型手機及平板電腦的普及，Wi-Fi點的設立當然也就越來越多，除了大部分的旅館和許多餐廳都會架設無限網路之外，連一些著名的觀光景點也有免費無限網路可以使用，算是相當方便。另外，也可以參考自家電信公司的漫遊方案，直接先申請好旅遊期間的漫遊費率，就可以隨時隨地方便地上網。

手機SIM卡上網

出國前可事先購買好在歐洲上網的SIM卡，方便到當地查詢地點或是用通訊軟體打電話。每間通訊公司出的SIM卡方案和價格都不同，缺點是

有些歐洲上網SIM卡無法分享熱點，也不能分享到平板電腦、智慧型手機。購買時須注意，詳情可參考以下網站：

🌐 國際電話服務站：new.callingtaiwan.com.tw
🌐 翔翼通訊：www.aerobile.com/eshop

或者是到西班牙買手機預付卡（Tarjeta de prepago）。Vodafone、Orange電信都有販售預付卡，當然每間電信推出的方案都不一樣，可以到西班牙後再多看不同電信公司做選擇。

Wi-Fi分享器

Wi-Fi分享器採以日計費，每間公司推出的費率都不同，可提供給1～3人使用，出國前可在機場取貨或超商宅配。使用分享器，將使你在國外使用Google Map找地點、Instagram、Facebook上傳照片、以及打電話回家等，都方便許多，詳情可參考以下網站：

🌐 特樂通：www.telecomsquare.tw
🌐 eRoaming：www.eroaming.com.tw
🌐 iVideo：www.ivideo.com.tw

應用西班牙語ABC

應用單字

Tarjeta de teléfono／電話卡
Carta／信
Postal／明信片
Sello／郵票
Sobre／信封
Paquete／包裹
Urgente／快捷郵件
Certificado／掛號
Buzón／信箱
Cartón／紙箱

Tarjeta sim／手機SIM卡
Tarjeta de prepago／手機預付卡
Teléfono fijo／室內電話
Teléfono móvil／手機
Recargar／儲值
Saldo／額度
Contraseña／密碼

實用會話

Quiero comprar una tarjeta sim／una tarjeta prepago.／
我想買一張SIM卡／預付卡。

Quiero recargar mi saldo.／
我想要儲值。

Quiero llamar a Taiwán
我想要打到台灣。

¿Se puede imprimir aquí？
請問可以列印嗎？

Quiero comprar un cartón.
我想要買一個紙箱。

Quiero enviar un paquete a Taiwán.
我想要寄包裹到台灣。

Dos sellos para enviar a Taiwán, por favor.
請給我2張寄到台灣的郵票。

¿Dónde está la oficina de correos más cerca？
請問最近的郵局在哪裡？

物品遺失、發生意外

西班牙治安沒有一般傳言的那麼差

現金遺失

救急方法 **1** 請家人匯款

現金被偷光了，可以請家人使用Western Union服務。領款時須提供匯款人姓名、匯款密碼、金額、匯款國家。沒意外的話，當天就可領到錢。

匯款人步驟：
❶ 指明要匯給誰 → ❷ 告知匯到哪裡的Western Union服務處 → ❸ 匯款 → ❹ 告知取款人密碼

取款人步驟：
❶ 攜帶護照和匯款密碼 → ❷ 前往指定的Western Union服務處 → ❸ 填表領款

＊步驟2「前往指定的Western Union服務處」，意指：若匯到馬德里的服務處，可在馬德里任一家服務處領取。

救急方法 **2** 請駐外機構協助

若身在馬德里，可至「駐西班牙台北經濟文化辦事處」請求協助。

救急方法 **3** 撥打急難救助電話

急難救助電話：639 384 883

現金遺失這裡辦

馬德里 Western Union
Change Express
✉ Calle Gran Vía 63　📞 900 633 633
Interchange Spain
✉ Calle Mayor 15　📞 912 982 000

巴塞隆納 Western Union
Totramblas
✉ Las Ramblas 73　📞 902 010 701

台灣的Western Union匯款服務
國泰世華銀行Cathey United Bank
📞 (02)2316-3555
彰化銀行Chang Hwa Commercial Bank
📞 (02)8181-2933
台新銀行 Taishin International Bank
📞 0800-023-123ext2
＊其他分行可至網站查詢：www.westernunion.com

護照遺失這裡辦

駐西班牙台北經濟文化辦事處
Oficina Oficina Economica y Cultural de Taipei de Taipei
🌐 www.roc-taiwan.org/es
✉ Calle Rosario Pino 14-16 Piso 18 Dcha. 28020 Madrid
📞 (+34)915718426 / 急難救助：639 384 883
📠 915 709 285
🕐 受理領務申請案件：週一～週五09:00～17:00
➡ 地鐵1號線至Valdeacederas站，或地鐵10號線至Cuzco站

※ 以上資料時有異動，請以官方公布的最新資料為主

護照遺失

救急方法 **1** 向當地警局報案

立即向最近的警察局報案，請警局開立失竊、遺失證明書。若不知警局在哪，可以請巡邏的警察協助或詢問路人。

救急方法 **2** 申請補發

至「駐西班牙台北經濟文化辦事處」申請補發。若有護照影本及大頭照，可加快補發程序。

信用卡遺失

出發前記下信用卡號及有效期限，並向發卡銀行詢問海外免付費掛失電話或全球救援電話；電話記得不要跟卡片放在一起。另外，信用卡不要全部放在一起，以免全部一起遺失。

救急方法 **1** 向原發卡銀行掛失

遺失時，立即打電話向原發卡銀行掛失，或是請台灣的家人幫忙，時間拖的越長，被盜刷的機率越高。若身上沒有錢，可以使用免付費電話。

救急方法 **2** 補發新卡

可請銀行立即補發新卡寄到你在當地的住處，但是通常需要一星期的時間，若身上有其他卡或現金可以使用，則建議回國後再申請補發。

信用卡遺失這裡辦

信用卡掛失電話(西班牙)

VISA：900 991 124

MasterCard / EuroCard：900 971 231(免費)

American Express：902 375 637(免費)

※ 資料時有異動，請以官方公布的最新資料為主

路上觀察 *西班牙的治安現況*

講到治安問題，一般來說大家都會先聯想到惡名昭彰的馬德里和巴塞隆納，但近年來這兩個城市可能開始有了自覺，或是害怕遭受恐怖攻擊，對於加強巡邏方面倒是有了不少改善，反而在其他較小的城市，更需要注意防範遭搶，尤其是呼嘯而過的機車騎士，會較為危險。

網路上還是流傳著西班牙治安很差、扒手很多的消息，但是這些都是十幾年前的事情，現在的西班牙治安算是相當不錯，可是也因為觀光業逐年快速發展，在馬德里、巴塞隆納、塞維亞等大城市，人潮聚集的地方還是會有扒手，雖然警方巡邏已加強許多，但戒心不能少。尤其夜間時，盡量不要落單，注意是否有人尾隨你，即使是當地西班牙人也會擔心這類問題，更何況我們亞洲臉孔更容易被當作目標。

如果真的不幸被搶，不要恐慌，所有的事情都有辦法解決，通常他們也只是圖錢財，不會傷害人。先冷靜下來，思考到底遺失了哪些東西再一項項處理，人身安全最重要。

旅遊時，不論是在哪個國家，避免遭竊最好的方法就是自己隨時提高警覺，盡量不要讓搶匪、扒手有下手的機會，才能留下美好回憶。

**馬德里的主廣場標►
示著「此處有攝影
機監控」**

行家祕技　如何防範竊盜、搶劫

■手機、錢包請保管好：在咖啡廳內喝咖啡吃甜點，拍食物照片之後，請記得把手機放進口袋或是拿好，錢包也記得要收起來，有時候會有一群人(通常都是小孩子)進來，拿著地圖向你問路，趁著你分散注意力的時候，趁機摸走你的手機或財物。

在路上可能會有吉普賽人，藉著兜售香草向你索取金錢。如果看到一群人靠近你，最好先行離開，一旦把東西接近手裡，就得付上好幾歐元，形同詐欺啊！除非你想購買，不然千萬不要拿喔！

■錢財分開放：出門時，身上的錢財盡量分開放置，可以準備一個小零錢包，除了放零錢外，也可以將零散的紙鈔折成小張放入，付帳時只要取出小錢包即可。信用卡不要跟錢包放在一起。

■不要太招搖：一群人一起出門旅遊，一高興起來可能就渾然忘我，高聲談笑，最容易引人注目，加上亞洲人很容易辨識，最容易成為歹徒的目標。所以不管在任何場合，最好都要注意一下自己的言行舉止，不要大聲喧鬧嬉戲，避免自己成為歹徒下手的對象。

■包包不離視線：行走在路上或搭乘地鐵時，盡量將包包背在前頭或是路的內側，然後用一隻手夾住包包。若要坐下來吃東西，也不要把包包掛在背後；若是放在旁邊的椅子上，記得將椅子拉近自己的座位，以防範被隨手拿走。

■用塑膠袋裝東西：有些較明顯的東西，如相機或攝影機，最好不要掛在胸前，可以用當地超市或是購物後留下的袋子裝起來，看起來較不起眼。若放在大包包中，一樣也可用塑膠袋包著，避免扒手直接摸走。

■不要太晚歸：晚上和凌晨的治安是最差的時候，盡量不要太晚回旅館，若不得已晚歸時，最好結伴同行，並且注意是否有人尾隨在後。

■錢財不露白：不管歹徒用什麼藉口，都不要隨意拿出錢包，說不定檢查當下錢財都還在，過一會兒就不翼而飛。

■飯店房門隨時上大鎖：進入旅館房門後，隨即鎖上大鎖並拉上防盜鍊，有人敲門時不要隨便開門。

■不要亂填問卷：西班牙街道上會有許多NGO組織，要求路人填寫問卷，但正派的組織只會找西班牙當地人，所以如果有人要求你填問卷時，請提高警覺，很可能最後會要求你出示身分文件，一旦你拿出錢包，咻地一下對方就把你的錢包抽走，隨後逃逸到地鐵站內消失無蹤。

■不要被迪士尼人偶騙去了：在馬德里太陽門(Puerta del Sol)，時常會有穿著迪士尼卡通人偶裝的人要求和觀光客合照，一來跟他們合照是要錢的，二來有可能會趁著拍照的時候，順手摸走你口袋的錢包，所以盡量遠離這些人會比較安全。

■警察是不會搜身的：這類情形較少，但也不排除發生的可能性。有些歹徒會製造假事故，這時可能隨時會有警察出現，利用搜身或檢查身分等藉口，趁機摸走遊客身上的錢財。要注意的是，真正的西班牙警察是不會搜身的！發現苗頭不對請快閃。

任何證件皆景印兩份

出國前一定要將所有證件影印兩份，包含護照、簽證、機票、旅行支票、信用卡等，一份留給家人，一份攜帶出國(與正本分開放)。抄下信用卡的緊急掛失電話，才可在第一時間辦理掛失及補辦。另外，準備2～3張大頭照，以便迅速補發證件。

馬德里境外旅客服務處(S.A.T.E.)

設置在中央警察局，這是專門為旅客設置的服務機構，主要是為了協助遭搶或受難的遊客，由地方警察、馬德里旅遊服務處和國家警察合作設立的。而此機構服務旅客的項目有：

☑ 辦理報案手續　　☑ 證件、信用卡的掛失服務
☑ 聯繫家人　　　　☑ 協助尋找遺失物品
☑ 旅遊諮詢
☑ 提供旅客及家屬的心理諮詢服務
☑ 協助旅客聯絡大使館或領事館等駐外單位

中央警察局

✉ Calle Leganitos Nº19 28004 Madrid，位在西班牙廣場(Plaza de España)附近
☎ 902 102 112(24小時)、915 488 537、915 488 008
🕐 09:00～22:00
➡ 3、10號線，Plaza de España站／3、5號線，Callao站／2號線，Santo Domingo站(皆出站後步行前往)或可到英國宮百貨公司(El Corte Inglés)
@ satemadrid@munimadrid.es

※ 資料時有異動，請以官方公布的最新資料為主

生病、受傷

若不是太嚴重的病症，可以就近到藥局(Farmacia)，向藥劑師敘述一下自己的症狀，就可以買到一些簡單的藥品。西班牙的藥局為統一的綠色十字，分布很廣，大城市的藥局還會以輪流的方式營業24小時，所以不用擔心找不到藥局。如果是急症，可以請餐廳、旅館的人幫忙叫救護車。記得！看病的收據一定要留存，回國時可以申請保險給付。

傷勢輕的話，一樣可以至藥局購買OK繃或請藥劑師幫忙包紮；若發生較大的事故，請與駐西班牙的辦事處或海外急難救助中心聯絡。

▲ 藥局(Farmacia)招牌掛著綠色十字 (圖片提供／陳吟佳)

內急，找洗手間

在西班牙上廁所並不像台灣那麼方便，首先，地鐵站是沒有廁所的；咖啡廳和酒吧的廁所通常也都只提供給顧客；速食店的廁所也會在發票上標示廁所的密碼，也就是說，如果要使用廁所就得先消費；一些火車站、公車站的廁所則是需要付清潔費，約€0.5～0.7。

因此，建議在喝完咖啡、用完餐，離開餐廳之前，記得要先上廁所，才不用擔心出來後忙著到處找廁所，或是到英國宮百貨(El corte Inglés)上廁所，不需要付清潔費，也沒有規定先購物才能使用喔！

▲ 英國宮百貨公司裡面可以使用廁所

找餐廳廁所

在離開餐廳前，盡量先使用餐廳內的洗手間，才不用擔心出來時要到處找洗手間。若是在小酒館(Bar)，通常也會有洗手間，但是有些Bar會將洗手間的門鎖上，避免外面的人偷跑進來使用，所以在上廁所前，要先向老闆拿鑰匙。

找路邊公共廁所

在各個城市的路邊，會發現佇立在路邊，有寫著「WC／Aseos」的，就是投幣式公用廁所，大多在市中心或觀光勝地都有設立，只是為了市容美觀，這些廁所常常會弄得很美麗，融合在市景中，讓你經過時也不會察覺。不妨在逛街時也注意一下，說不定會發現很有特色的洗手間喔！

路上觀察 自來水可以生飲

西班牙的水基本上可以直接飲用，據說馬德里的水是全西班牙最好喝的水。但是要注意，較靠近海邊的城市，如巴塞隆納，自來水的水質是非常不好的，不可飲用。如果不確定當地水質，則建議購買礦泉水較安心。

貼心 小提醒

男廁、女廁如何區分

出觀光區的廁所大都會以圖示來分辨男女廁，但是偏偏有些傳統的Bar只用了一個英文字母貼在門上，或是只寫了看不懂的西文單字，讓全不懂西文的我們一頭霧水，不知道該進哪一邊的廁所才好。要怎麼分辨男廁還是女廁呢？大概有下面兩種可能：

H→Hombre**男** ／ **M**→Mujer**女**
(M不是英文的Man，可要別跑錯了！) 或是
C→Caballero**男** ／ **S**→Señora**女**

應用西班牙語ABC

應用單字

Cabeza／頭
Ojo／眼睛
Nariz／鼻子
Oreja／耳朵
Mano／手
Espalda／背
Pie／腳
Estómago／胃
Rodilla／膝蓋
Garganta／喉嚨
Corazón／心臟
Diente／牙齒
Tiritas／OK繃
Vomitar／嘔吐
Diarrea／拉肚子
Alergia／過敏
Medicina／藥品、藥物
Hospital／醫院

實用會話

Me duele el estómago.／我的胃在痛
Tengo fiebre.／我發燒了
Quiero vomitar.／我想吐
No me encuentro bien／Estoy malito(a).／我身體不舒服。
¡Socorro!／救命！
¡Ladrón!／小偷、扒手
¿Dónde está la policia／el hospital?／請問警察局／醫院在哪裡？
He perdido mi pasaporte／cheques de viaje／billete de avión.
我的護照／旅行支票／機票掉了。
Me han robado (el pasaporte).／我的(護照)被搶了。
Estoy perdido/a.／我迷路了。
¿Puede indicarme dónde estoy en el mapa?
可以請你指出我在地圖上的哪個地方嗎？
¿Dónde están los servicios?／洗手間在哪裡？
Me da la llave del servicio, por favor.／請給我廁所的鑰匙。

救命小紙條 你可將下表影印，以英文填寫，並妥善保管隨身攜帶

個人緊急聯絡卡
Personal Emergency Contact Information

姓名Name： 國籍：Nationality

出生年分(西元)Year of Birth： 性別Gender： 血型Blood Type：

護照號碼Passport No：

台灣地址Home Add：(英文地址，填寫退稅單時需要)

緊急聯絡人Emergency Contact (1)： 聯絡電話Tel：

緊急聯絡人Emergency Contact (2)： 聯絡電話Tel：

信用卡號碼： 國內／海外掛失電話：

信用卡號碼： 國內／海外掛失電話：

旅行支票號碼： 國內／海外掛失電話：

航空公司國內聯絡電話： 海外聯絡電話：

投宿旅館Hotel (1)： 旅館電話Tel：

投宿旅館Hotel (2)： 旅館電話Tel：

其他備註：

西班牙救命電話隨身帶

＊24小時報案電話：902 102 112　　＊緊急報案電話：112 (可用公共電話直撥)
＊國家警局：091　　＊當地警局：092

＊駐西班牙台北經濟文化辦事處 Oficina Economia y Cultura de Taipei／電話：91 571 46 78／傳真：91 570 92 85
＊外交部海外急難救助免付費電話：00 800 0885 0885
＊馬德里境外遊客服務處(S.A.T.E.)：90 210 21 12 (24小時)、91 548 85 37、91 548 80 08
＊急難救助：639 384 883
＊台灣旅外國人急難救助聯繫中心：+886-3-3982629、+886-3-3834849

So Easy 301

開始在西班牙自助旅行 全新增訂版

作　　者	李容菜、區國銓
原文校對	David Carrera Navarrete(西班牙語)
	Xavier Ara Mancebo(加泰隆尼亞語)

總 編 輯	張芳玲
發想企劃	taiya旅遊研究室
編輯室主任	張焙宜
企畫編輯	張敏慧
特約主編	江孟娟
修訂主編	鄧鈺澐
封面設計	許志忠
美術設計	許志忠
地圖繪製	許志忠

太雅出版社
TEL：(02)2882-0755　FAX：(02)2882-1500
E-mail：taiya@morningstar.com.tw
郵政信箱：台北市郵政53-1291號信箱
太雅網址：http://taiya.morningstar.com.tw
購書網址：http://www.morningstar.com.tw
讀者專線：(04)2359-5819 分機230

出 版 者	太雅出版有限公司
	11167台北市劍潭路13號2樓
	行政院新聞局局版台業字第五○○四號

總 經 銷	知己圖書股份有限公司
	106台北市辛亥路一段30號9樓
	TEL：(02)2367-2044 / 2367-2047　FAX：(02)2363-5741
	407台中市西屯區工業30路1號
	TEL：(04)2359-5819 FAX：(04)2359-5493
	E-mail：service@morningstar.com.tw
	網路書店：http://www.morningstar.com.tw
	郵政劃撥：15060393 (知己圖書股份有限公司)

法律顧問	陳思成律師

印　　刷	上好印刷股份有限公司　TEL：(04)2315-0280
裝　　訂	大和精緻製訂股份有限公司　TEL：(04)2311-0221

四　　版	西元2019年04月10日
定　　價	340元

(本書如有破損或缺頁，退換書請寄至：台中市西屯區工業30路1號　太雅出版倉儲部收)

ISBN　978-986-336-308-8
Published by TAIYA Publishing Co.,Ltd.
Printed in Taiwan

國家圖書館出版品預行編目(CIP)資料

開始在西班牙自助旅行／區國銓，李容菜作，
——四版，——臺北市：太雅，2019.04
面； 公分 . ——（So easy；301）
ISBN　978-986-336-308-8 （平裝）

1.自助旅行　2.西班牙

746.19　　　　　　　　　　　　　108002072

編輯室：本書內容為作者實地採訪資料，書本發
行後，開放時間、服務內容、票價費用、商店餐
廳營業狀況等，均有變動的可能，建議讀者多利
用書中網址查詢最新的資訊，也歡迎實地旅行或
居住的讀者，不吝提供最新資訊，以幫助我們下
一次的增修。
聯絡信箱：taiya@morningstar.com.tw

填線上回函，送 "好禮"

感謝你購買太雅旅遊書籍！填寫線上讀者回函，
好康多多，並可收到太雅電子報、新書及講座資訊。

好康 1

每單數月抽10位，送珍藏版
「祝福徽章」

方法：掃QR Code，填寫線上讀者回函，
就有機會獲得珍藏版祝福徽章一份。

好康 2

填修訂情報，就送精選
「好書一本」

方法：填寫線上讀者回函，並提供使用本書後的修
訂情報，經查證無誤，就送太雅精選好書一本(書
單詳見回函網站)。

＊同時享有「好康1」的抽獎機會

開始在西班牙
自助旅行
（全新增訂版）

https://goo.gl/x3tYao

＊ 「好康1」及「好康2」的獲獎名單，我們會
　於每單數月的10日公布於太雅部落格與太
　雅愛看書粉絲團。
＊ 活動內容請依回函網站為準。太雅出版社保
　留活動修改、變更、終止之權利。

太雅部落格 http://taiya.morningstar.com.tw

有行動力的旅行，從太雅出版社開始

太雅22週年慶

登錄發票,抽好禮,
首獎 CASIO 美肌運動防水相機

凡於 **2019.1.1-9.30** 期間購買太雅旅遊書籍(不限品項及數量)上網登錄發票,即可參加抽獎。

精緻好禮等你拿

登錄發票

抽 好禮

CASIO美肌運動
防水相機
(型號:EX-FR100L)

首獎 3名

普獎 100名

M Square旅用瓶罐組
(100ml*2+50ml*2+圓罐*2)

掃我進活動頁面

| 活動時間 |
| 2019/01/01～ |
| 2019/09/30 |

| 發票登入截止時間 |
| 2019/09/30 |
| 23:59 |

網址
taiya22.weebly.com

| 中獎名單公布日 |
| 2019/10/15 |

活動辦法

● 於活動期間內,購買太雅旅遊書籍(不限品項及數量),憑該筆購買發票至太雅22週年活動網頁,填寫個人真實資料,並將購買發票和購買明細拍照上傳,即可參加抽獎。

● 每張發票號碼限登錄乙次,即可獲得1次抽獎機會。

● 參與本抽獎之發票須為正本(不得為手開式發票),且照片中的發票上須可清楚辨識購買之太雅旅遊書,確實符合本活動設定之活動期間內,方可參加。

　*若電子發票存於載具,請務必於購買商品時告知店家印出紙本發票及明細,以便拍照上傳。

◎主辦單位擁有活動最終決定權,如有變更,將公布於活動網頁、太雅部落格及「太雅愛看書」粉絲專頁,恕不另行通知。